JN065218

多面的な入試と学修成果の可視化

―追手門学院大学 高大接続への挑戦―

追手門学院大学アサーティブ研究センター 編

追手門学院大学出版会

は じ め に

原田 章

　高等教育に携わる者であれば，高大接続の議論を聞いたことがあるだろう．大学入試があるのに，高等学校から大学への進学を「円滑に」行うことの意味を考えるというのは，私も含めて高等教育に携わる者は当初ナンセンスに感じたように思う．私自身は心理学を専門とする研究者として 25 年以上大学で研究活動や教育活動を行ってきた．学生が将来社会に出て役立つであろうと思う知識や考え方を一生懸命教えてきたという自負はあるが，追手門学院大学に着任した 10 年ほど前から自分自身の中に違和感を感じるようになっていた．

　「学生は自分が何のために学んでいるのか理解しているのだろうか？」

　純粋な知的好奇心が学生を導くのだといえば，大学教員の責任は回避できているのかもしれないが，大衆化した大学において学生すべてが自己の内発的動機づけにしたがって学修行動を規定できると考えることはできないだろう．社会に出てから頑張ればよいから，大学生時代はさまざまな人や考えに触れ，体験を通して人間の質を高めればよいという考え方もできるかもしれないが，大学生の多くが巣立っていく社会は余裕のない世界に進んでいる．過去の成功体験をむやみに信じて，すでに古くなっている考え方や方法にすがっていては成功が期待できない時代になってきている．

　もうひとつ，大学で学ぶことは将来腑に落ちるものであり，学んですぐ理解できるようなものではないということも言われていた．もちろん，そういうこともあるのだろうが，それならば「学びの道程」のどこに自分が立っているのか分かるように話をしなければ，学生は今学んでいることが無駄だと考えたり，このまま学ぶことに不安を感じたりすることがあることを大学教員生活の中でよく見てきた．大人が子どもに「ともかく〇〇しておきない！」と強引に説得できるほど大学生は子どもではないし，そういう大人を信頼しないのも大

学生だと思う．

　最近では，学生中心とか学生を主語とした教育の組み立てであったり，主体的学修者という言葉で語られたりするものであるが，当時の私は学生が学ぼうとする意思と学んでいることを客観視する力が必要だと思っていた．そういうときに，本書の著者でもある福島先生から，「アサーティブプログラム」と「アサーティブ入試」のアイデアを聞いた．私はそのときどう言ったか具体的には覚えていないが，反射的に「よい取組みだと思う」と答えたと思う．学修者がなぜ学ぶかを考え，何を学ぶか，どのように学ぶかを決められるように，面談を進めるというやり方は生き方を考えるという意味でキャリア教育である．もちろん，若者なりに考えることであるから，思考の深さや広がりを期待することはできないが，面談者を通して自分と対峙して意思決定をする経験は必要なことである．また，面談者が導くのではなく気付かせるというのも，「教える」という発想ではなく「学ぶ」という発想に立てば自然なことだと感じたように思う．

　その後，文部科学省に評価され補助金交付を受けることになり，一気にさまざまな取組みが進められることになった．その中で，アサーティブ研究センターが学内に設立され，アサーティブ入試の効果検証を行うために私も研究員として所属することになった．その中で，ベネッセ教育総合研究所との共同研究が始まり，さまざまな側面から研究が行われることになった．本書は，その集大成であり，「アサーティブの取組み」と共同研究の成果を余すことなくまとめている．本書の執筆者はすべてセンターの研究員か共同研究に深く関わったものである．

　第1部では，アサーティブプログラムとアサーティブ入試の狙いと取組みについて詳細に示している．第2部では，そうした取組みの成果について質的・量的の両面から効果検証を行った結果について報告する．第3部では，高大接続改革の観点から，アサーティブの取組みをどのように活かしていくべきかについて議論している．

　そもそも，アサーティブプログラムとアサーティブ入試にはさまざまな狙いがあり，副次的なものも含めて中等教育や高等教育の問題点をよい意味で活性化してしまうと思っている．本書の中には，本学が取組んできた内容や共同研

究の中で進めてきた効果検証やツール開発の内容についても詳細に説明している．読者の立場によってさまざまであると思うが，本書を読むことによって，高大接続における高校生に対するキャリア意識の問題，高等教育における教職員の意義，大学の初年次教育における方向性，学生の成長をどのように捉えるか，学生の成長を学生にどのように伝えるかなどさまざまな検討事項や問題が見えてくることと思う．ひとつの問題を取りあげて分析的に因果を読み取ってしまいそうになるかもしれないが，本書に著されている取組みや検証は背後にある問題の写像であり，教育という前提に立つのであれば，究極的には「高大接続から考える高等教育とは何か」の問題になると考えている．

　最後に，私は最近授業で自分自身が何かを教え込むことをやめた．学生が読みやすいテキストを執筆して，授業では学生がそれを読み進めながら知識や考え方を学んでいく方式に変更した．テキストに対応した課題を用意して，課題の成果物に対する評価も学生自身にしてもらっている．当然，テキストの用意，課題の模範解答や解説の作成は重労働であるし，講義でしゃべった方が早いと思うこともたくさんあるが，できるだけテキストや資料にするようにしている．授業を教授の場から学習の場に転換することにした．反転学習の要素も取り入れつつ，教員ができるだけしゃべらない授業を展開している．

　このやり方に変えたとき，はじめは学生の理解度が下がらないか心配したが，同等かむしろ高くなっていた．授業アンケートでは「先生が教えてくれない」という不満と「とてもよく理解できました」という高評価が両方あり，私はひとつの確信を得た．それは
「学生の学ぶ意思と力を信じて委ねること」
である．学ぶ必要を感じている学生に適切な学び方を示せば，彼らは自ら学ぶということである．一方で，古い言い方になるが，未熟な者を「啓蒙する」という感覚が残っている内は教育ではなく教授になってしまうのではないかと思っている．

　アサーティブの取組みに関する共同研究を進める中で，面談者との対話によって高校生が学ぶ意義を発見し，意欲や態度が変わっていく事例を数多く聞いてきた．アサーティブ入試で入学した学生はもちろん，それ以外の学生であっても，入学時は学びに対する高い意欲を持っていることも分かった．一方で，

これから学ぶことの高さが分からないことから，学生は入学時に不安も抱えていることも分かった．しかし，大学は学生にうまく学ばせているだろうか．本書を読みながら，大学への入口の問題ではなく，大学がどう変わるべきかの議論も合わせて考えてもらえるとありがたく思う．

目　　次

第1章

高等教育改革の動向と本取組みの意義

福島 一政

1 高大接続改革に関する国の方向性

(1) 大学入試共通テストのつまずき

2019年の年末，大学入試改革の一環として実施することが決まっていた2021年度入試からの「大学入試共通テスト」で，英語の「四技能」と国語・数学における「記述式問題」を課すことが再検討されることになった．メディアなどでは，この問題をすべて文部科学省の責任のように報じていたが，果たしてその側面を指摘するだけでよいのだろうか．特にこの数年検討されてきた高校教育改革，大学教育改革と高大接続改革について，その本質的なところを今一度振り返ってみる必要があると考える．

この問題のそもそもの発端は，2016年3月31日に発表された高大接続システム改革会議最終報告に盛り込められた多くの提案のうちの一つの具体化ということだった．

この会議に至るまでには，それまでの数年間に以下の検討経過をたどってきている．

○ 2013年10月31日　教育再生実行会議第四次提言

大学入学者選抜を，能力・意欲・適性を多面的・総合的に評価・判定するものに転換するとともに，高等学校教育と大学教育の連携を強力に進めることを提言．

○ 2014年12月22日　中央教育審議会答申

「すべての若者が夢や目標を芽吹かせ，未来に花咲かせるために」高等

学校教育・大学教育および両者を接続する大学入学者選抜の抜本的改革を提言.

○　2015 年 1 月 16 日　文部科学大臣決定

中央教育審議会答申を踏まえ，文部科学省として今後取り組むべき重点施策とスケジュールを明示し，体系的かつ集中的な施策展開を図ることを目的として高大接続改革実行プランを策定することを決定.

○　2016 年 3 月 31 日　高大接続システム改革会議最終報告

高大接続改革実行プランに基づき，高大接続改革の実現に向けた具体的な方策について検討. 高等学校教育・大学教育・大学入学者選抜の一体的改革の具体化について提言.

「最終報告」の内容は，当改革会議までにさまざまなレベルで検討されてきた「改革」について総まとめを行い，大学入試に係る問題点と課題を明らかにし，その解決のためには，高校教育・大学教育，それをつなぐ大学入学者選抜を一体的に改革する必要があるとした具体的提案だった. 決して，英語の四技能と記述式問題に焦点を当てたものではなかった. とりわけ，入試における評価は，従来の「知識・技能」だけの学力でなく，「思考力・判断力・表現力」や，「主体的に多様な人々と協働する力」の学力の三要素をバランス良く身につけているかどうかで行うべきであるという点が強調されていた.

事実，2021 年度の入試からは，入試形態を三形態に整理し，従来の一般入試を一般選抜，AO 入試を総合型選抜，推薦入試を学校推薦型選抜とし，すべての形態にわたって，「アドミッション・ポリシーに基づき，学力の三要素を多面的・総合的に評価する選抜に改善する」とされた. 各形態の入試の改善事項にもそのことが明記されている.

それにもかかわらず，英語の四技能と記述式だけに焦点が当たってしまったのはなぜだろうか.

そこには，「多面的・総合的に評価する選抜」に対して，多くの大学と受験産業の側の度し難い怠慢な態度が背景にあるのではないだろうかと思う. メディアの，本質を見ない認識にも大きな問題があると思う. 従来の一般入試で用いられる「偏差値」による序列と評価でいけば，大学も受験産業も，大学入試における「改革」なざは大した手間もかからないだろう. しかしながら，学力

の三要素を評価する多面的・総合的評価を導入すれば,「面倒」なことこの上ない. グローバル化だとか人生100年時代だとか, AI時代をどう生きていくかだとか, 予測できない時代の人材を育成するために必要だとして学力の三要素を定義づけたのに, そのための対応をしないというのは無責任のそしりを免れることができないのではないだろうか.

　そうなってしまっているのは, 肝心の高校生の意識の実態がどうなっているのか, それを教えている教師の実態がどうなっているのかについて, 真剣に向き合っていないからではないかと考えている. そこで, 本章第2節ではそれらについて実態を示し, 追手門学院大学でのささやかな実践を紹介しつつ, 今後の高大接続・高大連携の在り方について提言したいと考えている.

(2) 高大接続システム改革会議「最終報告」

　2013年以降, 国は矢継ぎ早に高大接続や入試改革の議論を推進してきた. その主な提言や答申は, 前項のとおりである.

　このうち, 2016年3月31日に発表された高大接続システム改革会議「最終報告」は, それまでの議論の集大成となり, その後, 具体化されることとなった. その内容の概要は以下のとおりである. 前項でも述べたように, 大学入試改革の議論が, 決して「英語の四技能」と「記述式」を中心にしてされていたのではなく, もっと深い議論がされていたことを思い返すために, あえて引用する. ただ, 長くなりすぎると論旨が散漫になるので, 具体的方策の個所は省略した.

1) 検討の背景・目的

　○　新たな時代に向けて国内外に大きな社会変動が起こっている中, 多様な人々と協力しながら主体性をもって人生を切り開いていく力が重要であり, 知識の量だけでなく, 混とんとした状況の中に問題を発見し, 答えを生み出し, 新たな価値を創造していくための資質・能力が一層重要になる. このような中で, 今後の時代を生きるうえで必要となる資質・能力の育成に向けた教育改革を進めるにあたり, 特に重視していくべきは, ①十分な知識・技能, ②それらを基盤にして答えが一つに定まらない問題に自

ら解を見出していく思考力・判断力・表現力等の能力，③これらの基にな
る主体性をもって多様な人々と協働して学ぶ態度（これらを「学力の三要
素」と呼ぶ）．

○　上記の基本的認識は，現行学習指導要領においても共有しており，記
録，要約，説明，論述，討論などの「言語活動」を充実．小中学校におい
ては，近年，各学校で指導の改善が進み，改革の成果が上がってきている
と評価．OECDのPISA（Programme for International Student
Assessment）調査（生徒の学習到達度調査）でも，わが国の子供たち全
体の成績は国際的に高い水準と評価．

○　一方，高等学校教育，大学入学者選抜，大学教育には，それぞれ以下の
ような課題が挙げられる．

・高等学校教育：授業改善への取組も見られるが，「学力の三要素」を踏
まえた指導が十分浸透していない．

・大学入学者選抜：知識の暗記・再生や暗記した解法パターンの適用の評
価に偏りがち．一部のAO・推薦入試はいわゆる「学力不問」と揶揄さ
れる状況．

・大学教育：授業改善への取組も見られるが，知識の伝達にとどまる授業
も見られ，学生の力をどれだけ伸ばし社会に送り出せているのかについ
て社会から厳しい評価．

○　背景を持つ子供の夢や目標の実現に向けた努力をしっかりと評価し，社
会で花開かせる高等学校教育改革，大学教育改革および大学入学者選抜改
革を創造すべく，これらをシステムと捉え，一貫した理念のもと，一体的
に改革（高大接続システム改革）に取り組む．【一人ひとりの持つ主体性
や多様な個性の尊重，学びの「プロセス」の充実と多面的な評価】

2）具体的方策
①高等学校教育改革
（a）教育課程の見直し

○　すべての生徒が共通に身に付けるべき資質・能力を明確化．必履修教
科・科目等の改善を図るとともに，教科・科目間の関係性を可視化．

○　加えて，各高等学校が生徒の実態等を考慮して，学校設定教科・科目を設けることや，学習指導要領上の教科・科目等について標準単位数を増加して対応することなども，「カリキュラム・マネジメント」の中で検討.

(b) 学習・指導方法の改善，教員の指導力の向上

○　いわゆるアクティブラーニングの視点からの授業改善を行うことが必要.高等学校教員が，課題の発見と解決に向けた主体的・協働的な学びを重視した教育を展開できるよう，教員の養成・採用・研修の各段階を通じた抜本的な改革を行うことが必要.

○　上記の取組を支える基盤の整備（独立行政法人教員研修センターの機能強化，教職大学院等における履修証明制度の活用，教職員定数の拡充，研修リーダーの養成など）.

(c) 多面的な評価の充実

○　「学力の三要素」をバランス良く育成するため，指導の在り方と一体となって，評価の在り方を見直すことが必要.このため，目標に準拠した観点別の学習評価，教科等に留まらない学校内外での学習活動全般を通して，生徒の資質・能力の多面的な評価を推進し，指導の改善を図る.

○　こうして育まれた生徒一人ひとりの資質・能力が，大学入学者選抜や採用試験等を通じて多面的に評価されることが必要.

(d)「高等学校基礎学力テスト（仮称)」の導入

②大学教育改革

(a) 三つの方針に基づく大学教育の実現

○　大学教育の使命は，社会の大きくかつ急激な変化に向き合い，生涯を通じて不断に学び，考え，予想外の事態を乗り越えながら，自らの人生を切り開き，社会づくりに貢献できる人間を育成することにあり，大学教育は，家庭環境や経済的状況の如何，障害の有無等にかかわらず，社会人等も含め，大学で学びたいと願う誰にも開かれたものでなければならない.

○　各大学は，高等学校を含む初等中等教育段階において能動的学習の方法を身につけてきた多様な入学者の力をさらに向上させるため，カリキュラム構成の見直し，学生の能動的な学修を重視した指導方法の導入，学生の学修時間増加に向けた指導，学修成果に係る評価の充実などの取組を，実

効性をもって進めることが重要.

○　各大学が教育を行う上で基本とすべきは,「卒業認定・学位授与の方針」(ディプロマ・ポリシー),「教育課程編成・実施の方針」(カリキュラム・ポリシー),「入学者受入れの方針」(アドミッション・ポリシー)の三つの方針とそれらの間の緊密な関係であり,三つの方針に基づく充実した大学教育の実現に取り組む必要.

○　国においても,各大学における三つの方針とその間の関係およびそれらと入学者選抜方法との関係を重視した教学マネジメントの確立を促し,高大接続システム改革を推進するための支援に取り組むことが必要.

(b) 認証評価制度の改善

○　大学教育が新たな時代に向けて実効性をもって質的に転換していくためには,一体化した三つの方針,それを具体的に反映した新しい大学入学者選抜,三つの方針や社会との関係も踏まえた各大学の教育への取組についての新しい評価が必要.

○　認証評価については,大学教育改革や大学入学者選抜改革,さらには改革後の大学の教育研究機能の高度化に,より積極的な役割を果たすものとすることが重要.

③大学入学者選抜改革

(a) 大学入学者選抜改革の基本的な考え方

○　大学入学者選抜が,「学力の三要素」の育成に向けて,高等学校における指導の在り方の本質的な改善を促し,また,大学教育の質的転換を大きく加速し,改革の好循環をもたらすものとなるよう,個別大学の入学者選抜と大学入学者選抜における共通テストの双方について改革を進める.

(b) 個別大学における入学者選抜改革

○　「学力の三要素」を多面的・総合的に評価する入学者選抜への改善.各大学において,卒業認定・学位授与の方針,教育課程編成・実施の方針を踏まえた入学者受入れの方針において,「学力の三要素」に関し,入学希望者に求める能力と評価方法の関係を明確化し,それに基づく入学者選抜を実施するものへ改善.今後,「学力の三要素」を評価するため,「大学入学希望者学力評価テスト(仮称)」の導入による「知識・技能」「思考力・

判断力・表現力」の十分な評価とともに，調査書や大学入学希望理由書，面接など多様な評価方法を工夫しつつ，「主体性をもって多様な人々と協働して学ぶ態度」についての評価を重視すべき．

○　多様な背景を持つ受検者の選抜．年齢，性別，国籍，文化，障害の有無，地域の違い，家庭環境にかかわらず，多様な背景を持つ入学希望者がより適切に評価される仕組みを構築．

○　入学者選抜で学力の評価が十分に行われていない大学における入学者選抜の改善．多様な評価の方法（小論文，プレゼンテーション，推薦書等），出題科目の見直しや作問の改善，「大学入学希望者学力評価テスト（仮称）」の活用，調査書の有効な活用等により入学者選抜を改善．

(c)「大学入学希望者学力評価テスト（仮称）」の導入

○　大学入学者選抜の改革を進めるにあたっては，個別大学における取組と並んで，多数の大学入学希望者が受検し，高等学校教育に大きな影響を与える大学入学者選抜における共通テストの改革が鍵．

○　大学入学者選抜改革の推進のため，新たな共通テストして「大学入学希望者学力評価テスト（仮称）」を導入する．

以上，いささか長い引用となりましたが，「最終報告」の概要である．
高等学校教育・大学教育・大学入学者選抜の一体的改革の具体化に向けて，専門家が知恵を絞った提案となっている．

2　高校生の意識の変遷

日本青少年研究所と国立青少年教育振興機構は，主な調査目的は違っても，中学生・高校生の意識についての日本・米国・中国・韓国の4か国調査を継続的に行っている．2015年と2019年調査では高校生のみとなっている．

その中で，「自分はダメな人間だと思う」「自分はダメな人間だと思うことがある」と，微妙に設問が変わっているが，自己卑下感情を測る問いがある．そのデータは表1-1〜1-3のとおりである．

表1-1 「自分はダメな人間だと思う」割合

(単位：%)

	中学生				高校生			
	日本	米国	中国	韓国	日本	米国	中国	韓国
とてもそう思う	20.8	4.7	3.4	7.9	23.1	7.6	2.6	8.3
そう思う	35.2	9.5	7.7	33.8	42.7	14.0	10.1	37.0
合　計	56.0	14.2	11.1	41.7	65.8	21.6	12.7	45.3

＊財団法人日本青少年研究所（2009）『中学生・高校生の生活と意識—日本・アメリカ・中国・韓国の比較—』から作成

表1-2 「自分はダメな人間だと思うことがある」割合

(単位：%)

	日本	米国	中国	韓国
とてもそう思う	25.5	14.2	13.2	5.0
そう思う	47.0	30.9	43.2	30.2
合　計	72.5	45.1	56.4	35.2

＊国立青少年教育振興機構（2015）『高校生の生活と意識に関する調査報告書』から作成

表1-3 「自分はダメな人間だと思うことがある」割合

(単位：%)

	日本	米国	中国	韓国
とてもそう思う	33.9	25.9	13.6	11.2
まあそう思う	46.9	35.3	26.4	41.3
合　計	80.8	61.2	40.0	52.5

＊国立青少年教育振興機構（2019）『高校生の留学に関する調査報告書』から作成

以上の表1-1〜1-3をグラフにすると，図1-1のとおりとなる．

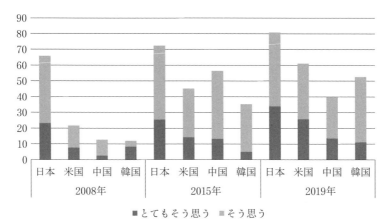

図 1-1　「自分はダメな人間だと思う」割合推移

　2008 年調査では，日本が米国・中国・韓国に比べて飛び抜けて「自分はダメな人間だと思う」（「とてもそう思う」と「そう思う」）割合が高くなっている．2015 年以降は「自分はダメな人間だと思う<u>ことがある</u>」と微妙に設問を変えたことも影響してか，日本以外の 3 か国の割合も少し高くなっているが，日本の高校生のそれは一貫して高く，2019 年調査では 8 割が「自分はダメな人間だと思うことがある」と答えている．日本の高校生は，米国・中国・韓国の高校生と比べて，著しく自己卑下感情が高い，裏返せば自己肯定感が乏しいということになる．

　2019 年 6 月に国立青少年教育振興機構から発刊された『高校生の留学に関する調査報告書』には，次のようなデータもある．

　「私は他の人々に劣らず価値のある人間だと思う」割合（表 1-4）や「私は今の自分が好きだ」（表 1-5）と思う割合についてである．両方とも，日本の高校生は他の 3 か国の高校生に比べて著しく低く，自己肯定感の乏しさを裏づけている．

表1-4　「私は他の人々に劣らず価値のある人間だと思う」割合

(単位：%)

	日本	米国	中国	韓国
そうだ	12.4	46.1	50.9	33.9
まあそうだ	38.0	33.6	40.8	46.2
合　計	50.4	79.7	91.7	80.1

＊国立青少年教育振興機構（2019）『高校生の留学に関する調査報告書』から作成

表1-5　「私は今の自分が好きだ」と思う割合

(単位：%)

	日本	米国	中国	韓国
そうだ	11.3	47.0	25.0	29.5
まあそうだ	37.1	33.7	45.0	44.0
合　計	48.4	80.7	70.0	73.5

＊国立青少年教育振興機構（2019）『高校生の留学に関する調査報告書』から作成

3 中学校教員の労働実態と自己効力感

　OECD は継続的に国際教員指導環境調査を行っており，報告書を出している．2013 年と 2018 年の調査報告書によると，次のような事実が明らかになっている．

　○　2013 年調査による教員（中学）の 1 週間当たり勤務時間
　　調査国（34 か国・地域）平均は 38.3 時間となっている．日本は，53.9 時間で，調査国中最長となっている．

　○　2018 年調査による教員（中学）の 1 週間当たり勤務時間
　　調査国（48 か国・地域）平均は 38.3 時間となっており，2013 年調査と同じである．日本は 56.0 時間で，調査国中最長であることは変わらない．

　○　2013 年調査・2018 年調査によれば，日本の中学校教員の「授業時間」

や「生徒の課題の採点や添削に従事した時間」は参加国平均と同程度.

○　2013 年調査・2018 年調査によれば，日本の中学校教員は，「課外活動指導」が参加国平均より特に長くなっている. また，事務業務や学校運営業務も長くなっている.

以上のように，日本の中学校教員は，世界でも最長とも言える労働時間となっている. 残念ながら，高等学校教員についての同様の調査がないので，正確な実態はわからないが，実態を見ていれば中学校教員とさほど大きくは変わらないだろうと思われる.

中学校教員の労働実態については，このデータを裏づける調査結果もある. 文部科学省「教員勤務実態調査」によれば，以下の実態が明らかとなっている.

○　中学校教員の 1 日の勤務時間（1966 年・2006 年・2016 年調査の比較）：7 時間 59 分→ 11 時間 00 分（1.38 倍）→ 11 時間 32 分（1.44 倍）

○　中学校教員の週当たり校内総勤務時間数（2006 年・2016 年調査の比較）：58 時間 06 分→ 63 時間 20 分（1.09 倍）

このように，日本の中等教育の教師は長時間労働であるという実態がある. では，その教師たちが生徒の教育に関して，どのような自己効力感をもっているのか，OECD の同じ調査の中で明らかになっているデータがある. 2013 年と 2018 年の調査で，表 1-6 と表 1-7 に示す設問項目があるが，この設問に対して「非常に良くできている」「かなりできている」と答えた割合が以下のとおりである.

表 1-6　「非常に良くできている」「かなりできている」の割合（2013 年）

（単位：%）

設問項目	批判的思考を促す	勉強ができると自信をもたせる	関心を示さない生徒に動機づけ	学習の価値を見出す手助け
日本	15.6	17.6	21.9	26.0
調査国平均	80.3	85.3	70.0	80.7

* OECD（2013）『国際教員指導環境調査書』から作成

表1-7　「非常に良くできている」「かなりできている」の割合（2018年）

(単位：%)

設問項目	批判的思考を促す	勉強ができると自信をもたせる	関心を示さない生徒に動機づけ	学習の価値を見出す手助け
日本	24.5	24.1	30.6	33.9
調査国平均	82.2	86.3	72.0	82.8

＊ OECD（2018）『国際教員指導環境調査書』から作成

　以上の結果で見れば明らかなように，調査48か国の平均と比べると，教員の自己効力感が著しく乏しいことがわかる．

　前節で見た高校生の自己卑下感情の高さ，自己肯定感の低さが顕著な中で，教える側の教員がこのような自己効力感の低さであることは，日本の青年の半分以上が大学に進学する時代となった中で，極めて深刻な問題ではないだろうか．自信のない生徒が，自信のない教員に教えられて，まともに成長する保証はないだろう．大学は，この事実を直視した教育改革をしなければならない．

4　大学進学率と入学定員未充足

　1990年代の後半以降，大学進学率が上昇するも（図1-2），18歳人口が急減する中（図1-3）で，私立大学・同短期大学の入学定員の未充足状況が進行（図1-4，図1-5）してきた（図1-2〜1-5までのデータはすべて学校基本調査のデータから作図）．

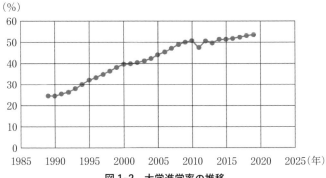

図1-2　大学進学率の推移

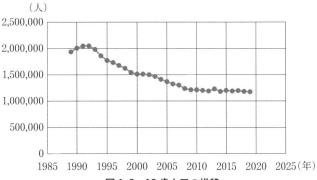

図1-3　18歳人口の推移

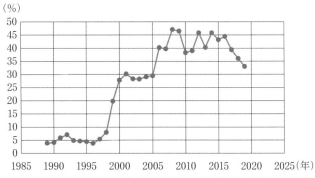

図1-4　私立大学の入学定員未充足状況の推移

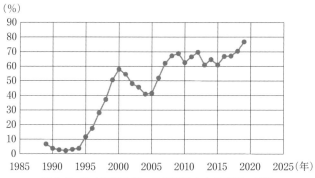

図1-5　私立短期大学の入学定員未充足状況の推移

　18歳人口が減少する中で，各大学が志願者を多く確保し，その中で「優秀な」入学者を確保しようと躍起になっていることは周知の事実である．多くの私立大学では志願者確保のために，ありとあらゆるとも言える方策を打ち出すようになっている．奇抜な宣伝で注目を集めたり，教育の手法を前面に打ち出したりしている．少人数教育，4年間一貫したゼミ，アクティブラーニング，資格講座の充実，面倒見の良さ，一人ひとりの学生を大切にする，ラーニング・コモンズの設置，語学教育の充実，ライティングセンターの設置等々，挙げればきりがない．志願者確保のための「競争的環境」のもとではある意味でやむを得ない側面ももつことは理解できる．しかしながら，ある方策をある大学が実施してメディアに取り上げられると，それに追随する大学が次々と現れる．その結果，その方策はその大学の特色としての価値を失うことになる．それらの大学は，宣伝材料として大学のパンフレットなどに掲載するが，大学以外の第三者や社会的な評価がどのようであるかは，ほとんどの場合，聞いたことがない．冷静に見れば，滑稽とも言える状況を生み出している．

　そんなむなしい「努力」をしても，入学定員を確保できない大学・短期大学は極めて多いのが実態である．私立大学の入学定員未充足状況の推移を見ると（図1-4参照），1998年度までは10％未満だった未充足の大学数が1999年度にいきなり19.8％となり，以降20％を急速に超えていった．2017年度以降の入学定員厳格化の影響で，入学定員未充足状況は改善傾向になってきている

が，先行きは極めて不透明である．

　私立短期大学は（図 1-5 参照），1994 年度までは 10％未満が未充足であったのが，1995 年度に 11.8％となり，それ以降，大学以上に急な勢いで未充足校が拡大し，1999 年には 50.7％と半分以上となった．2019 年度では，実に 76.8％の短期大学が入学定員未充足となっている．

　2038 年に 18 歳人口が約 86 万人になることは，昨年の出生者数からも明らかである．2019 年の 18 歳人口は 117 万人余りだから，31 万人，26％ほど減少する．2020 年の新型コロナウィルスの感染拡大の影響で，2021 年の出生数は 80 万人を切る予測もされている．

　このまま放置すれば，大学間の「志願者獲得競争」「学生獲得競争」は留まるところを知らないことになるだろう．「競争」が学生たちの成長にとって良い教育を促進するのなら問題はない．しかしながら，その「競争」が「可視化」を強要されて，資格取得者数や率，著名就職先の数や率，就職率，退学率，学業成績（GPA：Grade Point Average）平均の高さ，果ては「偏差値」等ばかりで争われたらどういう事態になるだろうか．

　本章で明らかにした，自己効力感の低い教員に育てられた自己卑下感情の高い高校生が，そんな大学でまともに成長できるとはとても考えられない．

　高校生たちが大学で学ぶことに希望をもち，実際に学んで成長を実感でき，社会に出ていく自信になる，そういう大学教育にするためには，大学だけで取り組んでも難しいだろう．大学と高校との連携や接続，入試の在り方について，次元の違う取組みを具体的に模索していく必要があると思う．

5 アサーティブプログラム・アサーティブ入試の意義

　本取組みの最大の意義は，大学入学試験の「選抜型」から「育成型」への転換ということである．

　他にもこの取組みを進める中で，高等学校と大学の信頼関係が高まってきたこと，そのことが大学全体の志願者増になっていること，また高大連携の新たな取組みが展開できるようになっていること，高大接続の新しい展開ができるようになったこと，職員の多くが高校生の面談に参加することで，彼らの実態

を認識することになり，職員の能力開発（SD：Staff Development）としての
役割も機能していること，そして何よりもアサーティブ入試で入学してきた学
生たちの成長がさまざまなデータでも実際の姿でも確認できることである．

　本取組みの先進性や普遍性という点でも大きな意義があった．

　まずは，「教育再生加速プログラム」のテーマⅢ（入試改革）の領域で私立
大学では唯一採択されたことはもとより，その後の中間評価でS評価とされ，
大学教育再生プログラム委員会によるフォローアップ報告書でも本取組みが入
試改革の先進的事例として評価されている．その後も文部科学省の入試改革関
連の委員会等では必ず本取組みが先進事例として紹介されている．社会的な反
響という点では，読売新聞，毎日新聞，日本経済新聞をはじめ，テレビ，新
聞，雑誌等のメディアには，2019年度末までに62回取り上げられた．日本の
大学入試改革の取組みに一石を投じたことも大きな意義の1つだろう．

　本取組みは，普遍性も問われた．詳細は第2章で記述されているが，他大学
への普及や高大接続，高大連携に関する新しい展開が個別大学の取組みとして
これほど多く実行されていることは，あまり例がないだろう．そのような点で
も意義があった．

　この取組み全体を通して，追手門学院大学の社会的評価を高め，志願者増に
も大きく貢献したことは間違いない．

　制度の詳細は第2章で紹介する．本取組みが，本章でこれまで述べてきたよ
うに，大学進学率の上昇，すなわち同一世代のボリュームゾーンが大量に大学
に進学する時代となりその問題点が明らかになってきたこと，高校生の意識の
実態，中学・高校の教員たちの自己効力感や労働実態，少子化の急速な進行と
グローバル化や人工知能の開発など社会の大きな変動の中で，従来の「優秀
な」学生確保のための「選抜」する学生募集から，大学で学ぶに必要な基礎学
力と姿勢，意欲を「育成」して入学試験に挑むことができるようにするという
点で，今後の大学入試改革の具体的な事例として参考にしていただけるのでは
ないかと考えている．

　効果がどれだけあるか検証不能な膨大な額の広報予算を使って学生募集を展
開する方法から，将来を担う若者たちを「育てる」見地での学生募集や入試の
在り方に多くの大学が転換していけば，偏差値偏重やランキングに惑わされ

ず，三つの方針（アドミッション・ポリシー，カリキュラム・ポリシー，ディプロマ・ポリシー）が本当の意味を持ってくるのではないだろうか．

参 考 文 献

福島一政（2020）「高校生の意識実態と中高教員の労働実態から高大接続・高大連携の在り方を考える」『追手門学院大学アサーティブ研究センター紀要』3，34-46．

国立青少年教育振興機構（2015）『高校生の生活と意識に関する調査報告書』，https://www.niye.go.jp/kenkyu_houkoku/contents/detail/i/98/（2020 年 8 月 23 日）

国立青少年教育振興機構（2019）『高校生の留学に関する調査報告書』，https://www.niye.go.jp/kenkyu_houkoku/contents/detail/i/139/（2020 年 8 月 23 日）

文部科学省（2016）『高大接続システム改革会議最終報告・同概要資料』，https://www.mext.go.jp/b_menu/shingi/chousa/shougai/033/toushin/1369233.htm（2020 年 8 月 23 日）

文部科学省（2017）『第 3 期教育振興基本計画の策定に向けたこれまでの審議経過について』，https://www.mext.go．jp/component/b_menu/shingi/toushin/__icsFiles/afieldfile/2017/10/04/1396919_03.pdf（2020 年 8 月 23 日）

文部科学省（2017）『公立小学校・中学校等教員勤務実態調査研究』，https://www.mext.go.jp/component/a_menu/education/detail/__icsFiles/afieldfile/2018/09/27/1409224_005_1.pdf（2020 年 8 月 23 日）

OECD（2013）『国際教員指導環境調査書』，https://www.mext.go.jp/component/b_menu/other/__icsFiles/afieldfile/2014/06/30/1349189_2.pdf（2020 年 8 月 23 日）

OECD（2018）『国際教員指導環境調査書』，https://www.mext.go.jp/b_menu/toukei/data/Others/__icsFiles/afieldfile/2020/20200323_mxt_kouhou02_1349189_vol2.pdf（2020 年 8 月 23 日）

財団法人日本青少年研究所（2009）『中学生・高校生の生活と意識―日本・アメリカ・中国・韓国の比較―』調査単純集計，http://www1.odn.ne.jp/~aaa25710/reserch/（2020 年 8 月 23 日）

第 2 章

アサーティブプログラムと
アサーティブ入試の取組み
―「育成型」入試の必要性 ―

志村 知美

1 本取組みの狙いとその背景

　追手門学院大学のアサーティブプログラムとアサーティブ入試は，2013 年
度に開発し，2014 年度から実施に移した．そして，この取組みは 2014 年度か
ら開始された文部科学省の「大学教育再生加速プログラム」のテーマ Ⅲ（入試
改革）に私立大学で唯一採択されることとなった（他にお茶の水女子大学と岡
山大学が採択された）．

　大学教育再生加速プログラム申請書の「事業概要」には，以下のとおり記述
した．

　「受験生に大学で学ぶ目的を考えさせ，大学で学ぶ姿勢と意欲を持つことが
できるように育てるアサーティブプログラムと，そのことを検証するアサーテ
ィブ入試を開発した．その特徴は，①本学職員と高校生が個別面談をし，将来
の自分を意識させ，大学で何を学ぶかを問い，大学で学ぶ意味を自ら気づくよ
うに促す．②本学が独自に開発した MANABOSS（マナボス）というシステ
ムで，基礎学力の確認と向上，計画的学習を習慣付ける．同時にこのシステム
上で議論するバカロレアバトルで，物事を多様な観点から考察する能力を育成
し，自分の意見を述べる力や他者の意見を受け入れる姿勢を養うことができる
ようにする．③このプログラムと個別面談結果をアサーティブノートとコンタ
クトシートに記録し，繰り返し振り返ることで自己成長を促す．その成果を発
揮し，意欲・能力・適性に加え基礎学力の達成度を含めた多面的・総合的な評

価が可能となるアサーティブ入試を実施する.」

　この「事業概要」は，400字という字数制限があったため，この取組みのエッセンスについて端的に表現している．しかし，この取組みの詳細や開発した背景，制度設計に込めた理念や想いについてまでは十分に書き込めていないため，それらの点も含め明らかにしておく．

　追手門学院大学が2012年に実施した学生生活実態調査によれば，本学に第1志望で入学した学生は12.7%であった．実際に学生たちに尋ねてみると，「関関同立，産近甲龍に入れなかったから，摂神追桃の中から進学先を決めた．自分は不本意入学です」と平然と答え，大学進学目的についても「なんとなく」や「周りが進学するから」と答える学生が多く存在した．彼らの大学選択の基準は「偏差値」なのである．このように，学生の多くは大学で学ぶ目的が不明確であり，将来の自分を意識することもないまま，「なんとなく」大学へ進学しているのだ．当然，大学のことをよく調べているわけでもない．もちろん，「不本意」を乗り越えて成長する学生も多くいる．しかし，第1志望の学生が極めて少なく，その意識も上述のような実態は，日常の受講態度にも反映する．大学として，授業改善やFD（Faculty Development．大学教員の教育・運営能力を高めるための実践力の能力開発），初年次教育，入学前教育などにも旺盛に取組み，それなりの成果も出している．しかし聞けば，他大学でも，あえて言えば国立大学でも同様の事態が起こっているとのことだ．高校の偏差値が高い・低いではなく，一人ひとりの学ぶことに対する気持ちや姿勢が大切であり，大学進学に対する認識を変容させなければ，教員たちが教育効果を高めようとFD活動をいくら積み重ねても，抜本的な解決にはならないだろうと考えた．

　このようなことから，大学に入学してからではなく，入学試験を受ける前，すなわち受験生になる前に，自分自身の将来や大学で学ぶ目的を考え，その目的に適う大学や学部などを選択することができるように「育てる」取組みが必要ではないかと仮説を立てた．これが，アサーティブプログラムとアサーティブ入試を開発した動機である．

　開発にあたっては，本学の学生に育てることを目的とした入試改革であることから，本学の教育理念である「独立自彊・社会有為」を体現することを基本

としている．教育理念・独立自彊とは，自分の考えをしっかりと持ち，個性を大切にし，自らの成長に向かって日々着実に努力することである．

　制度設計にあたり，入試前からの取組みも必要であるとの認識から，その取組みと入試そのものとは相対的に切り離して考えることとした．すべてを「入試」として位置付けると，公平公正の観点から，学力や意識が違う高校生を「育てる」ことはできないと考えた．偏差値偏重や主体性のない大学選択ではなく，自分の決断で本学への進学を志望する「第1志望」の受験生に入学を許可できるように取組んだ．

　ここで，アサーティブプログラムとアサーティブ入試の名称に込めた思いを申し添えておく．

　本取組みで使用している「アサーティブ」の言葉は，「相手の意見に耳を傾けながら，自分の意見や考えを主張することができる態度」であり，私たちはこれを「自分を知り表現することが大切になる」と解釈した．筆者が最初にアサーションに関心を持ったのは，高校生の時に出会った一冊の本である．大切なこの本の著者が，アメリカの臨床心理学者であり元アサーティブ・トレーニング・センター所長であった．そして，日本におけるアサーションの第一人者である平木典子氏が，"assertion" を「自他尊重の自己表現」と訳した（平

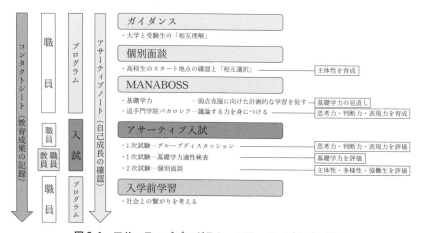

図2-1　アサーティブプログラム・アサーティブ入試の概要

木，2012，2015）．更に，辞書等の日本語訳では「断定的な」「独断的な」と
なっていることから，アサーションをカタカナ表記することで「自己表現」と
している．本学でも，「自他尊重の自己表現プログラム・自他尊重の自己表現
入試」で在りたいという想いから「アサーティブプログラム・アサーティブ入
試」とカタカナ表記とした．

　アサーティブプログラムとアサーティブ入試の概要図を参考に具体的な内容
を説明する．

2 アサーティブプログラム

　育成型プログラムとして誕生したアサーティブプログラムの制度は，3つの
柱で構成している．

(1) 本学職員との個別面談

　まず高校生は，アサーティブプログラムの内容とアサーティブ入試の関係に
ついて説明するアサーティブガイダンスに参加し，プログラム内容に関心を持
った高校生（受験生だけでなく，1年生から参加可能）が希望すれば本学専任
職員と個別面談を受ける．あくまでも強制ではなく，自らの意思で行動しても
らうためである．そのため，このガイダンスと個別面談を受けることをアサー
ティブ入試の出願条件としているが，プログラム受講者には，アサーティブ入
試の出願を義務付けていない．一人ひとりの高校生が，自らの将来を考え，進
路を決断するように「育てる」ことが目的であり，その意思を大切にするた
め，アサーティブプログラム全体を通して本学への受験を誘導することはして
いない．

　面談職員は，現在60名を超えている．これらの職員は，最近の高校生の実
態や個人面談の心得などの研修を受け，年齢や性別，様々な個性や所属部署な
どを考慮して選任した．職員をこのように面談者として位置付けたのは，職員
の能力開発（SD：Staff Development）の一環とするためである．事務だけを
こなす事務職員ではなく，大学職員として，大学教育や研究，経営も担ってい
かなければならないからである．高校生の実態や学生の実態を把握していなけ

れば，業務改革や教育改革を提言することはできない．ましてや机上の空論で，学生たちの成長と教育を語るようなことをすべきでない．

　面談内容は，本学職員が「どのような大人になりたいのか」「どのような人生を歩みたいのか」と問いかけ，それを実現するための進路選択はどのように行うのかなど，高校生と一緒に考える．それが「大学」であれば，学部・学科の選択について話を展開させていく．大学でない場合でも，可能な限り寄り添うようにしている．このように高校生の話の内容に合わせ，こちらの話す内容を臨機応変に対応しなければならない．まさに大学職員としての力量が問われ，実践型 SD と言っても過言ではない．アサーティブ入試が終了後，面談者同士の面談体験を交流し，改善に繋げるケースカンファレンスも実施している．

〈心構え〉

・**高校生の気持ちを『繋げて翻訳』する傾聴姿勢**
　自分の気持ちを論理的に話せなくても，「こういうことよね？」と寄り添う気持ちで確認する．

・**「Yes But」ではなく「Yes And」の場づくり**
　個別面談は，否定をしない安全な場所であること．何を言っても否定されない安心感を与え，自分自身の本当の気持ちを話せるようにする．

・**青年期は悩む時期**
　人生という大きな悩みに慣れていないため，進路について答えが見出せないことに不安や焦りを感じている高校生が多い．青年期のモラトリアムとして正常な成長過程であり，「悩むこと」を褒め推奨する．

・**決断はあなたしかできない**
　あくまでも選択権と決定権を持っているのは本人であることを意識させる．

〈注意事項〉

・**説明ばかりしない**
　生徒の大人に対する警戒心能力を侮ってはいけない．学生募集の一環として捉えてしまうと，本心を閉ざしてしまうことが多いため，商品説明のような態度は決してしない．

・**否定しない**
　突拍子もないことや壮大な夢でも，まずは受け止めることからはじめなければ，生徒は心を閉ざしてしまう．自分にはない発想に敬意を表すぐらいの姿勢で受け止めること．

・**押し付けない**
　進路指導や生活指導をしているわけではないので，「～すべき」などの言葉を使わない．「私は○○してみたよ」と自分を主語にすることを意識する．

・**本学への受験を誘導しない**
　これが一番大切なこと．

図 2-2　個別面談の心得

(2) MANABOSS（マナボス）

　MANABOSSは，本学が独自開発した学習システムで，高校までの基礎学力を見直し計画的な自学学習に役立て，考える力と発信する力を養うことができるよう設計されている．いつでもどこでもネット環境が整っていれば，パソコンでもタブレットでもスマホでも利用できるようにしている．但し，アサーティブプログラムの個人面談を受けた生徒のみの利用登録としている．

　MANABOSSは，「基礎学力」と「追手門学院バカロレア」で構成している．「基礎学力」は，国語・数学・英語を搭載している．問題は5択で，全部で約15,000問となった（2020年9月現在）．国語は現代文のみで，二語関係・反意語・ことわざ・熟語・言葉の用法など13ジャンル，数学は推論・確率・損益算・表の読み取り・集合など15ジャンル，英語は時制・語形変化・文型・イディオム・対話文など10ジャンルに分類している．英語についてはさらに，中1〜中3レベルの英文穴埋め問題や高校レベルの英単語の学習機能も付加している．これらの設問は，各ジャンル別に達成度がグラフで示され，得手不得手が明らかになるため，学習達成度と学習計画の目安が立てやすくなる．これ

表2-1　MANABOSS の問題数

年度	2014	2015	2016	2017	2018	2019	2020	合計
国語	505問	320問	340問	340問	340問	341問	402問	2,588問
数学	100問	470問	540問	540問	540問	540問	678問	3,408問
英語	—	—	—	—	—	7700問	40問	7,740問
数学 （中学レベル）	—	—	—	—	—	500問	—	500問
英語 （中学レベル）	—	—	—	—	—	478問	—	478問
追手門学院 バカロレア	1問	24問	3問	0問	0問	0問	10問	38問
英語検定問題					741問	741問	741問	2,223問
合計	606問	814問	883問	880問	1,621問	10,300問	1,871問	16,975問

が自学自習の習慣作りとなる．問題の難易度レベルは，高校1年生程度としているが，高校2年生程度の問題も徐々に増やしていく予定である．なお，2016年度からは，公益財団法人英検協会から毎年最新の過去3か年のすべての級（1級から5級まで）の検定試験問題を提供いただき，搭載している（リスニング問題は除く）．MANABOSS上では，5級から開始し，60%以上の正答率で次の級に進める設計にしている．利用者はまだ多くはないが，1級にチャレンジする利用者もいる．

MANABOSSの基礎学力問題数は，以下のとおりである．

「追手門学院バカロレア」は1人で問題に向き合う「バカロレア問題」と，みんなで考える「バカロレアバトル」と利用方法を分けている．

「バカロレア問題」で，答えが1つではない問題（例えば，「あなたはこの瞬間存在しますか，もし存在するとすればどのようにそれを証明しますか？」）に1人で考え，答えを出す．そして，その答えを「バカロレアバトル」に公開することにより，多種多様な意見に触れ，SNS機能で意見交換も可能となり，アサーティブな態度を養うことができるようにしている．しかし，追手門学院バカロレアの利用者数については，十分なものになっていない．利用促進のためICTを活用した何らかの方策を検討することが今度の課題である．

表2-2　高校3年生　追手門学院バカロレア利用者数

年度	2014	2015	2016	2017	2018	2019
利用者数	57名	159名	225名	182名	232名	183名

(3) アサーティブノート

学びのモチベーションを形成するには，

①自己を知るセルフコンセプト（自己省察力）

②学び方を知る（探索力）

③未来をつくるプランニング力（計画力）

が必要だと考え，「自分」を主語として書くことだけをルールとし，自分の気持ちや調べたことなど整理するノートを開発した．誰かに見せるのではなく，未来の自分が過去を振り返り，成長を感じ，自分の将来に対して，自らの主体

性を確立するためのツールとして利用してもらうことを目的とした．いつしかアサーティブノートの制作は学生たちが中心となった．「使いにくい」「わかりにくい」など様々な意見を出してくれたので，自分たちで解決させることにしたのである．

　以上のアサーティブプログラムを高校生が，アサーティブな態度をもって，①主体性を持ち基礎学力の向上を図る，②大学で学ぶ意欲と姿勢を育む，③自らの意志で大学進学を希望するために，大いに活用してほしいと願う．こうして受験生としての姿勢を整え，第1希望の大学に進学をすれば，①シラバスの活用，②授業への参加意思の向上，③各種活動への積極的参加，ができるようになるだろうと期待している．

　2020年度（2021年度アサーティブ入試対象）のアサーティブプログラムの実施は，新型コロナウィルスが蔓延する中で未曾有の事態となった．

　そのため，オンラインでのガイダンスと個別面談の仕組みを取り入れた．オンライン計画は，アサーティブガイダンスを全国展開するためにSkypeなどの活用も視野に入れていたこともあり，ピンチをチャンスに切り替えることができた．結果として，独自ガイダンスは全面中止，オープンキャンパスも2日間だけの完全予約制（対面）となった．オンラインになり，参加人数は減少したものの，（今まで以上に）一人ひとりと丁寧な面談が実現した．

3 アサーティブ入試

　アサーティブ入試は，アサーティブプログラムを受けて，本学に進学し学びたいと自ら決断した高校生が，プログラムの成果を発揮できる場として新設された．そのためプログラムで最低1回の個別面談を受けていることが，アサーティブ入試の出願条件となっている．

　アサーティブ入試は1次試験と2次試験の2段階構成となっている．1次試験はグループディスカッションと基礎学力適性検査，2次試験は個別面接（2016年度入試までは，1次試験はグループディスカッション，2次試験は基礎学力適性検査と個別面接であった）を実施している．

　グループディスカッションは，5〜6名を1グループとし，約30分間のデ

ィスカッションを行う．ディスカッションのテーマは，「動物園の動物は幸せか」（2015 年度入試）のように，答えが 1 つではない課題設定としている．このディスカッションは，主体性や協調性，理論性，そしてアサーティブな態度で臨んでいるかどうかを評価する．この評価は，本学の面談職員が（アサーティブプログラムで個別面接を担当している専任職員）2 人 1 組で行う．

基礎学力適性検査は，先述した「MANABOSS」に搭載している問題と同じ形式，同じ難易度レベルとしている．2020 年度入試より英語を追加し，国語，数学，英語の各 20 問の合計 60 問を 90 分の試験時間で実施している．

個別面接は，志望する学部の教員 1 名と面談職員 1 名で行う．面接は，志望理由，学問に対する意欲や知的関心などについて問う形式となっている．

評価については，グループディスカッションと基礎学力適性検査のそれぞれを採点し，それぞれが一定水準以上の受験生を 1 次試験の合格とし，個別面接は，面接シートに即して採点する．

入試の制度設計で意識したことは，学力だけではない評価ができる内容と，大学入学後に受験勉強を無駄だったと思わせないことを意識した．多くの学生が，受験勉強は大学に入学するための手段であり，入学後には役に立たないと感じていることが強く印象に残ったからである．例えば，グループディスカッションは，グループワークの授業で力を発揮している．基礎学力試験は，入学後に全員が受験する SPI 試験の結果に繋がり，面接試験は，大学で学ぶ姿勢や方向性を形成することに結びついている．

4 アサーティブの取組み実績

まず特筆すべきは，追手門学院大学を第 1 志望として入学した学生が劇的に増えたことである．本章の「1．本取組みの狙いとその背景」で記したように，2012 年に実施した学生生活実態調査によれば，その数値は 12.7% であった．年々上昇しており，2019 年に実施した GPS-Academic 調査（ベネッセ i-キャリア）では，52.5% となった．「追手門学院大学でいい」ではなく「追手門学院大学がいい」となった学生が増えたことになる．2019 年度にアサーティブ入試で入学した学生は 114 名だったが，アサーティブプログラムを受け

て，他の入試（推薦入試等）で入学した学生と合わせると329名となる．総入学者数（1,862名）の17.7%になった．同調査でのアサーティブ入試で入学した学生の第1志望者は96.1%であり，この入試改革は明らかに第1志望者を増やすことに貢献したであろう．

(1) 数字で見るアサーティブガイダンス

　ガイダンス開催は，固定会場で平均20回程度，個別対応も実施している．2020年度に参加者数が減少した原因としては，2019年度入試から基礎学力適性検査の合格点を引き上げたことにより合格倍率が上昇したことと，2020年度入試の基礎学力適性検査に英語を加え，入試日程を1回にしたことが挙げられる．個別面談の実人数は，1,000名を超えるまでになり，この取組みを開始した2015年度に比べ実に5.3倍にもなった．

表2-3　アサーティブガイダンス回数，参加人数，個人面談延人数，個人面談実人数の推移

対象入試年度	2015	2016	2017	2018	2019	2020	合計
ガイダンス実施回数	18回	31回	24回	22回	30回	22回	147回
ガイダンス参加人数	300名	777名	932名	1,014名	1,479名	1,195名	5,697名
個人面談延べ人数	221名	710名	906名	978名	1,222名	1,236名	5,273名
個人面談実人数	190名	557名	751名	772名	991名	1,017名	4,278名

(2) 数字で見るアサーティブプログラムからの入試出願者数と入学者数

　アサーティブ入試の出願者数は，2019年度入試は2015年度入試に比べ4.5倍になった．しかし，2020年度入試には，2019年度入試の合格倍率が上昇したことと基礎学力適性検査に英語を追加したことに加え，入試日程を1回にした影響から減少したと考える．

　また表2-5のとおり，総入学者数のうち，アサーティブ入試で入学した者の割合は，2015年度では3.0%だったが，2018年度には10.6%と上昇したものの，2019年度と2020年度にはその割合が減少した．アサーティブプログラムを受けて入学した者（アサーティブ入試で入学した者とアサーティブプログラ

表 2-4　アサーティブプログラムからの入試出願者数と入学者数

対象入試年度	2015			2016			2017		
	出願者数	合格者数	入学者数	出願者数	合格者数	入学者数	出願者数	合格者数	入学者数
アサーティブ入試A日程	91	53	52	203	89	87	261	130	130
アサーティブ入試B日程	—	—	—	87	41	41	134	60	60
アサーティブ入試小計	91	53	52	290	130	128	395	190	190
その他入試計	124	51	48	377	162	150	474	200	178
プログラム受講者合計	215	104	100	667	292	278	869	390	368

	2018			2019			2020			合　計		
	出願者数	合格者数	入学者数	出願者数	合格者数	入学者数	出願者数	合格者数	入学者数	出願者数	合格者数	入学者数
	270	137	136	414	85	85	275	66	66	1,514	560	556
	113	60	60	100	29	29	—	—	—	434	190	190
	383	197	196	514	114	114	275	66	66	1,948	750	746
	424	194	180	940	228	215	950	287	241	3,289	1,122	1,012
	807	391	376	1454	342	329	1,225	353	307	5,237	1,872	1,758

ムを受けてアサーティブ入試以外の入試で入学した者の割合の合計）の総入学者数に対する割合は，2015 年度には 5.8％だったが，2018 年度には 20.2％にまでなった．2019 年度と 2020 年度は，先に挙げた要因で合格者数を絞ったこともあり減少したが，それでも 14％程度の維持をすることができた．

　表 2-6 のとおり，本取組みを開始した 2014 年度の高校 3 年生のアサーティブプログラムの受講者は 185 名であったが，2019 年度には 971 名となり，5.2倍となった．

　このうち MANABOSS の利用登録者数は，2014 年度は 112 名だったが，2019 年度には 679 名となり，6.1 倍となった．受講者に占める登録者の割合は年々微増となり，ほぼ 7 割となった．広報はもちろんのこと，アサーティブの

先輩学生たちが，MANABOSS の活用促進や自身の利用経験などを伝えたことにより，高校3年生が基礎学力を見直し，学力向上に取り組むために MANABOSS の活用が広がってきたと考えられる．

表 2-5　総入学者数に占めるアサーティブ入試入学者数とアサーティブプログラム受講者入学者数の割合

対象入試年度	2015	2016	2017	2018	2019	2020
総入学者数	1,725 名	1,594 名	1,873 名	1,857 名	1,862 名	2,175 名
アサーティブ入試入学者の割合	3.0%	8.0%	10.1%	10.6%	6.1%	3.0%
プログラム受講者の入学者の割合	5.8%	17.4%	19.6%	20.2%	17.7%	14.1%

表 2-6　高校3年生の MANABOSS 登録者数と登録者割合

年度	2014	2015	2016	2017	2018	2019
プログラム受講者数	185 名	538 名	717 名	731 名	950 名	972 名
MANABOSS 登録者数	112 名	347 名	467 名	484 名	649 名	679 名
登録者割合	60.5%	64.5%	65.1%	66.2%	68.3%	69.9%

　また，アサーティブ入試志願者・合格者の MANABOSS 利用者数は，表 2-7 のとおりである．アサーティブ入試への出願者も合格者も MANABOSS の利用を強要しているわけではない．しなしながら，これだけ利用度が上がるというのは，基礎学力の見直しと向上に向け，MANABOSS の価値が認められてきたのではないかと考える．なお，入試日程を2回（アサーティブ入試 A 日程と B 日程）行っていた当時のデータも参考のため記載しておく．

5　アサーティブの取組みの普及

　大学教育再生加速プログラム（AP）に採択されたこの取組みは，他大学や高校に対する普及も必然である．

　アサーティブの取組みをヒアリングのため来訪した大学は，2014 年度から

表 2-7　アサーティブ入試志願者・合格者の MANABOSS 利用者数

A 日程	2014 年度入試			2015 年度入試			2016 年度入試		
	対象者数	利用者数	利用率	対象者数	利用者数	利用率	対象者数	利用者数	利用率
志願者	91 名	77 名	84.6%	203 名	191 名	94.1%	261 名	233 名	89.3%
合格者	53 名	48 名	90.6%	89 名	87 名	97.8%	130 名	119 名	91.5%

A 日程	2017 年度入試			2018 年度入試			2019 年度入試		
	対象者数	利用者数	利用率	対象者数	利用者数	利用率	対象者数	利用者数	利用率
志願者	270 名	261 名	96.7%	414 名	407 名	98.3%	275 名	273 名	99.3%
合格者	137 名	127 名	92.7%	85 名	84 名	98.8%	66 名	65 名	98.5%

B 日程	2014 年度入試			2015 年度入試			2016 年度入試		
	対象者数	利用者数	利用率	対象者数	利用者数	利用率	対象者数	利用者数	利用率
志願者	—	—	—	87 名	79 名	90.8%	134 名	124 名	92.5%
合格者				41 名	38 名	92.7%	60 名	57 名	95.0%

B 日程	2017 年度入試			2018 年度入試			2019 年度入試		
	対象者数	利用者数	利用率	対象者数	利用者数	利用率	対象者数	利用者数	利用率
志願者	113 名	110 名	97.3%	100 名	98 名	98.0%	—	—	—
合格者	60 名	57 名	95.0%	29 名	29 名	100%	—	—	—

2019 年度までで 31 大学（延 34 大学）になった．国立大学 2 校，公立大学 2 校，私立大学 27 校である．何か 1 つでも，その大学で参考にして取り入れてもらえるのであれば幸いである．後日談として，事前面談を導入したり，アサーティブノートを参考に自大学独自のものを作成したり，「育成型」を独自に検討するようになったと伺うと大変嬉しく思う．アサーティブの取組みは本学の学生の実態から構築したシステムであるため，システムそのものを導入する

のではなく，理念や想いに共感し自大学の学生に合わせた最適な形になることを願う．

　更に，アサーティブの取組みについて大学・短大，高等教育関係の団体，学会など合計42件の講演を依頼されたことも普及活動の一環となっている．

　また，高校への普及として「自分のモノサシを持つ」と題するアサーティブ講演を行ってきた．

　2016年度から開始し，2019年度までに延べ69校，聴講生徒数7,487名となった．基本的には，追手門学院大学の紹介や説明等はせず，アサーティブプログラムの趣旨に沿った内容であり，生徒たち自身が学ぶ意味や自分の将来に対して向き合えるような問いかけになっている．多くの高校では，講演会の感想（講評）と質問を記入してもらう．そして，高校生ならではの悩み事や将来に対しての不安などを受け止めながら，そのすべてに返事を書き，1か月程度で生徒本人に返却している．これが，生徒の想いを高校と大学が挟んで新しい高大連携の在り方に繋がってきたのである．

　そして，保護者向けアサーティブ講演会では，社会や教育の動向を理解し見守る姿勢を学生の実態を踏まえお伝えしている．保護者対象人数も641名となった．

6　今後の課題

　今後の発展のためには，2つの課題があると考える．

　入試改革として取組むアサーティブプログラムとアサーティブ入試の成果を学術的にも検証すべく，2015年6月にアサーティブ研究センターを設立した．そして2016年4月には，ベネッセ教育総合研究所と「学生の学びと成長のプロセス」を明らかにし，入学前から入学後にかけての学びと成長を追跡するための総合的なアセスメント手法の開発を目的とした共同研究を立ち上げることとなった．調査結果については，他章を参考いただきたいが，この調査からアサーティブ生の意識や更なるアサーティブシステムの開発の方向性が示された．その1つとして実現したのが「（自称）リビング事務室」である．2019年4月，アクティブな学びのスタイルに合わせた新キャンパス「茨木総持寺キャ

ンパス」が誕生した．大学入試から入学後を繋げるため，アサーティブ課事務室も新キャンパスへの移転となった．毎日，学生たちの顔を見ることができる環境となり，学生目線の学内情報も集まってくる．その後，2019年7月にとても素晴らしい事務室に引っ越すこととなった．何が素晴らしいかと言えば，事務室の広さと形から，これまでの研究と業務の経験から立てた仮説に則った事務室機能が可能となったのである．1つの空間で，事務室機能・教室機能・学生の居場所機能を兼ね備えるため，日常的に「教えあい・学びあい」の環境となり，議論をしながら課題に取組む学生の姿を目の当たりにしながら業務に従事できる環境ができたのである．家庭のリビングのように，1つの空間で互いの存在を認め合いながら職員も学生も各々のことに取組んでいる．居心地も学習環境もいいのだろう．授業がなくとも学生が集まり，教え合い学び合いながら課題に取組む理想的な事務室であったが，組織改編に伴いアサーティブ課の発展的解消を目的に業務が新部署に移管されることとなった．2020年9月

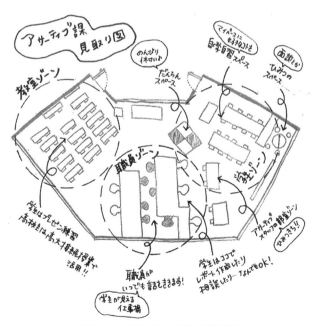

図2-3　アサーティブ課の見取り図

末をもってアサーティブ課が組織上消滅し，事務室も閉鎖となった．想定して
はいたが，利用学生たちから「大学での滞在時間が激減した」「大学が楽しく
なくなった」と言わせてしまったことが心残りである．モチベーションを高め
て入学したアサーティブ生だが，そのモチベーションはまだまだ未熟である．
入学後もそっと背中を押したり，様々なことを仕掛けたりしながら，手を放し
ていくことが必要な学生も存在する．とても大きな課題である．

　もう1つの課題は，MANABOSS の活用である．自学自習の姿勢を育むに
は，MANABOSS の活用は今後の発展に不可欠な課題である．

　国語・数学・英語については，それぞれが 10,000 問程度まで達したら，
CBT（Computer Based Testing）の機能を搭載したいと考えている．例え
ば，難易度別の問題検索ができる機能や英語等の外部テスト利用制度と同様に
MANABOSS で基礎学力適性検査の事前受験を可能にしたい．学習者が自ら
苦手分野を克服することができ，基礎学力を盤石なものにすることと，事前受
験が可能となれば，再チャレンジは「育成」そのもののチャンスとなるからで
ある．更に，受験日当日に基礎学力適性試験を課さなければ，受験生と大学の
負担減にもなる．

　MANABOSS は原則，アサーティブプログラム受講者のみとなっているが，
高校単位で活用する仕組みも開発している．2018 年度に岡山県の公立高校か
らの申し出を皮切りに，2020 年 9 月現在までに，大阪府の私立高校，京都府
の私立高校，滋賀県の公立高校など合計 7 校で利用が始まっている．このこと
が，新型コロナウィルス感染拡大防止のため高校が休校になった時に，大いに
役立つこととなった．MANABOSS は，これからの with コロナで更に利用価
値が高まると考えられる．本来，高大連携の視点から注力してきたが，他大学
との共同利用も検討しており，広く多くの高校と大学での普及も見据えるべき
だと考えている．このように課題は残るが，高大接続と入試改革は切り離して
考えるべきものではない．ユニバーサル・アクセスの時代となり，分厚い中間
層の教育力向上の基礎を作るためにも育成型入試の概念は必要である．

参 考 文 献

平木典子（2012）『アサーション入門―自分も相手も大切にする事故証言』講談社

平木典子（2015）『アサーティブ・トレーニングさわやか〈自己表現〉のために』金子
　書房

◎

第 3 章

学生の成長の可視化と教学改革，FD・SD の取組み

―「育成」視点の高大連携プロセスの今後の展開に触れて ―

福島　一政

1 大学教育原理の転換

　大学教育の原理に関わって，国際基督教大学元学長の絹川正吉氏はその著書『大学教育の本質』の中で次のように指摘している（絹川，1995）．「旧制高校はエリートのための教育機関であり，能力的に優れた者のみを対象にしていた．そのようなところでの教育の成功は，多くを学生の素質に負っている．新制大学になって，旧制高校の等質性は崩れつつあったが，そこで行われる教育は古い時代のままであった．旧制の教育は「自発性原理」に基づいている．学生は教えられなくても一定の環境さえ整っていれば，自立的に成長していく．しかし，大衆化した大学では，もはや「自発性原理」は有効性をもたない．新しい大学は「発達支援原理」に基づかなければならなかった．しかし，新制大学の教員はそれを認めなかった．」

　この書は，今から 25 年以上も前の 1995 年に発刊されたものだが，いまだにこの指摘を踏まえた「発達支援原理」に基づいた大学教育手法は一般化されていない．

　また，Erik H. Erikson は，乳児期から老年期に至る「人間の 8 つの発育段階」を示し，思春期（青年期）の段階では，アイデンティティの形成が必要であると指摘している．アイデンティティが形成されるためには，信頼，自律，自発，努力，有能感が必要としている．

　第 1 章で記したように，日本の中学生・高校生は，自己肯定感が著しく低く

なっている．彼らを教育する教師は自己効力感が著しく乏しい状況である．その結果，Erik H. Erikson の指摘するアイデンティティの形成が十分になされず，実態を見れば，むしろアイデンティティの拡散になっているのではないかとさえ考えられる．

中央教育審議会などでは，日本の大学生は勉強しない，ということが他国の大学生と比較して自習時間の少なさなどから指摘され，「単位制度の実質化」とからめて，いかに自習時間を多くするかということが課題とされている．一方，国際数学・理科教育動向調査（TIMSS）や OECD 生徒の学習到達度調査（PISA）の結果で，学力の国際比較で何位だったかということが大きく話題にされるという実態もある．近年では，学力の評価は知識一辺倒ではなくて，三要素（①基礎的・基本的な知識・技能，②それを活用して課題を解決するために必要な思考力・判断力・表現力，③主体的に学習に取り組む態度）で評価すべきであるとされている．

ところで，これまでの高大接続とか高大連携というのはどのような実態になっていたのだろうか．高大接続というのは，その多くが，大学と付属関係にある高校や法人内の系列関係にある大学と高校で，高校から大学への進学者をどのように確保するかという問題だった．大学から見ると，それなりの基礎学力を身につけた学生をあらかじめ一定程度の割合で確保しておくことができれば，一般入試を中心とする他の入試での相対的に「優秀な」学生確保に有利となるということである．そのような高校から見ると，付属や系列の大学に一定数の入学者が見込めるということであれば，生徒募集にも有利になるということである．

一方，高大連携というのは，多くの場合，大学と高校との関係で，「教育連携」の名のもとに，実際には「提携校推薦」という形で，大学からすれば学生確保，高校から見れば進路実績の確保ということになっている．

いずれの場合も，多くは教育的な観点よりも，学生確保，進路実績の確保が主要な目的として運用されてきたのが実態だろう．

絹川正吉氏が指摘した「発達支援原理」に基づく教育や，学力の三要素を育てる教育が普遍化しているとは到底思えない．ノーベル生理学・医学賞を受賞した山中伸弥博士が作製することに成功した iPS 細胞は，その後さまざまな

臨床実験を重ねて実用化されようとしている．絹川氏の指摘をそれになぞらえて言えば，大学をはじめとした教育現場で臨床実験を重ねて，実際の教育に反映していく必要があると考える．

　そのような意味で，本調査研究の成果を教育現場に具体的に適用し，普遍化に貢献できるようにしたいと考えている．

　その実践例として，追手門学院大学での取組みを紹介しておく．

2 アサーティブプログラムの発展

　第一に挙げられるのは，アサーティブプログラムの発展である．

　まずは職員による高校生の面談についてである．高校生の将来について対話して一緒に考えるスタンスを揺るぎないものにするために，これまでの調査研究で用いた面談の内容を活用して行うように制度設計し，面談者（職員）から生徒への気づきと行動変容への支援がさらに均質的かつ的確に行えるようにする必要がある．そのことを通して，面談者の「面談力」と「対話力」を高めることができるようにし，高校生だけでなく，在学している学生に対してもその「力」が活用できるようにする．いわば，「面談力」と「対話力」を高めることが，高校生の成長を促すだけでなく，職員の能力開発（SD：Staff Development）にもなるということである．

　次に，マナボス・システム（MANABOSS）の機能発展も必要である．現状では，基礎学力を見直し，計画的な学習を立てることに活用でき，考える力と発信する力を養うことができるよう設計されており，問題コンテンツは14,000問弱程度である．問題コンテンツをさらに増やすことと同時に，ここにCBT（Computer Based Testing）の機能を導入し，日にちと時間を特定して，テスト形式で年に何回かの基礎学力の測定ができるようにすれば，新たな入試改革にもなっていくことも可能だろう．この方法が適正に実行できて，基礎学力のレベルが測定できることが確認されれば，入試においての学力試験を課さなくても合否判定が可能となるだろう．

　また，「アサーティブノート」の改善も必要となろう．このノートを活用したことがある学生はアサーティブ入試で入学した学生の8割弱だが，そのう

ちの半数程度がメモ帳代わりに使っている．このノートの本来の目的は，「自分を主語」にして書き，自らの思考と行動を振り返り，主体性と思考力を養って自己成長を促す，というものである．ガイダンスや面談時にノートの活用を促すだけでなく，実際の活用事例を紹介することや，入学後の学生ポートフォリオへの接続を実現するなど，自己成長に役立つことを認識できるような工夫を重ねる必要がありそうだ．

3 ｜ 高大連携の発展

　第二に，2016年以降，本学が試行的に実施している新たな高大連携の発展である．アサーティブプログラムは，高校生個人に対するものだが，それを高校単位の生徒集団に対してのアイデンティティ形成支援に効果のあるものに発展させたいと考えてきた．現在は，アサーティブ課の専任職員が，いくつかの高校に直接出向いて行っている取組みがある．そこでは，アサーティブ講演と銘打って，「自分のモノサシを持つ」という演題で講演し，生徒全員にその講演についての感想や質問事項を書いてもらう．それに対して，アサーティブ課の職員が分担して，「個」の気づきに対する成長支援になるようなコメントを付して返還している．この活動自体，高校生の実態を踏まえた粘り強い高校側との協議と，そのことを通した信頼関係がなければ実現できない．大学側が志願者欲しさのさもしい根性でこのような取組みを行おうとしても絶対に実現できない．高校生や大学生の実態と教育課題を率直に話し合い，その解決のために高校，大学の双方で生徒一人ひとりのアイデンティティ形成の成長を支援できるか，真剣に向き合う中で具体的な取組みが進むことになる．生徒全員の感想や質問に答えるのは，そう簡単なことではない．なぜなら，生徒が書いた文章のほとんどが，当方が真正面から向き合わざるを得ないほど真剣な内容だからである．したがってコメントを付すのにも多くの時間がかかり，たくさんの高校と同様の取組みができる保証はない．ここから先は，今回の研究で提示した大学生の学びと成長の可視化を踏まえて，高校と大学が協議したうえで持続可能な方法を編み出し，高大連携の新しい仕組みを開発していくほかはないだろう．

　以下に，追手門学院大学での具体的な高大連携の取組み事例を紹介する．

　2016年度から開始した滋賀県教育委員会との連携協力協定に基づく滋賀県立高等学校との取組みが典型的である．この取組みは，当時の滋賀県教育長であった河原恵氏が，本学のアサーティブの取組みに大きな関心をもたれ，共感いただいたことから始まった．本学と滋賀県教育委員会が連携協力協定を締結したうえで，滋賀県立高等学校のうち学力的に「分厚い中間層」にあたる5校を指定していただき，それらの高校と追手門学院大学が，新しい高大連携の在り方を試行錯誤しながら模索していくこととしたものである．

　当初から，高校と本学が，生徒の成長を促す支援をするために，双方があまり無理をせずに協働していきましょうと確認しながらの出発だった．この取組みを通じて，本学への志願を強制することは一切しないと約束した．進路先の確保や志願者確保のためではなく，第1章で明らかにした高校生の実態や高校教員の実態を踏まえて，文字どおり教育を中心にした高大連携の新しい在り方を追求したかったからである．

　具体的には以下のようなことを実施している．

・年1回の教育委員会教育長等と本学副学長等との協議
・年2回の5校の各校長等と本学副学長等との協議
・各校と個別事業の実施
　1年生全員対象講演「自分のモノサシを持つ」
　2年生保護者対象講演
　本学教員による模擬講義
　高校単位でのアサーティブプログラムで使用しているMANABOSSの利用
　「自己の探究」授業での本学教員との協働

　このうち，1年生全員対象のアサーティブ講演「自分のモノサシを持つ」では，受講者全員にA4用紙1枚の感想文を提出してもらい，それに対してコメントを付して全生徒に返却するようにしている．1学年全員といっても，280名ないし320名程度である．一人ひとりの生徒の感想文に適切なコメントを書くのは，正直に言ってかなりの作業量になる．平均すれば一人当たり15分くらいかかる．思いもよらなかった感想や質問に対しては1時間くらい考える場合も少なくない．1クラス40名として10時間はかかる．これをアサーティ

ブ課員3名（当時）と私の4人でやってきた．今は，滋賀県の5校と併設校2校だけは必ず行っているが，2018年度までは講演をしたすべての高校で実施していた．さすがに手に負えなくなってきたので，基本的には7校のみとしたいと考えている．ただ，高校生の感想文を一人ひとり丁寧に読んでいくと，第1章で明らかにしたことが，数字ではなく実感として迫ってくる．だからこそ，入試制度改革や，新たな高大接続・高大連携が絶対に必要だという認識になり，アサーティブ課の職員たちや私のエネルギー源にもなっている．

　この取組みの中で改めて気づいたことがある．十数校の1年生対象の講演で全員に感想文と質問を書いてもらうと，高校によって大きな違いがあることがわかってきた．ある高校では，ほぼ全員の生徒が，A4用紙1枚にびっしりと書いてきた．しかもほとんどが丁寧な字で，文章もわかりやすく，難しい漢字も書かれていた．他のいくつかの高校では，ほぼ全員が数行程度しか書いてなかった．びっしり書いてきた高校の教員に聞いたところ，1年生入学当初から，人の話はしっかりと聞くこと，感想文を求められたら用紙1枚は最初から最後まで書くこと，を徹底してきたとのことである．

　冷静に考えれば，実に理にかなった指導をされている．私たちにとっては目からうろこだった．感想や質問を1枚の用紙に丁寧な字で全部埋めるようにすることを事前に話しておけば，生徒たちは講演や講話などは集中して話の内容をしっかりと聞き取るだろうし，それについて自分の意見や考えを整理し，それをわかりやすい文章にする訓練にもなる．それらを習慣化すれば，知識を体系立てて吸収する力や，思考力，表現力等を確実に向上できるのではないかと確信した．アサーティブ講演を実施した高校の中で，その高校からの追手門学院大学への志願者が最も多かったのは偶然ではなかったように思う．

　もう1つ取り上げたいのは，アサーティブプログラムで行っているMANABOSS の高校単位での利用促進である．基礎学力の確認と向上に高校単位で活用できるように，システムも整備した．すでに，2018年度から岡山県のある高校で実施しているが，2020年度からは予定も含めると，あと7校で実施されることになる．

　2020年の新型コロナウィルス感染症拡大に伴って高校の休校が長引く中で，実施している高校からは，思わぬ形で MANABOSS が役に立ったという声が

寄せられている．それを聞きつけたいくつかの高校からも，利用できないかとの問合せがきている．大学の資源を活かして，このような取組みが拡大し，高校生の基礎学力の向上に少しでも役に立つことができれば，新しい高大連携の取組みの1つになっていくことだろう．

　さらには，まだ協議中ではあるが，本学の教員が高校の教員と協働して「探究の時間」の授業を展開する取組みも行えないか模索している．

　以上のように，高大連携においても，その本質的目的を教育と定めて取り組み，試行錯誤と模索を続けて新しい在り方を追求していくことが求められるだろう．

　ちなみに，滋賀県との協定を締結した2016年度を100とした2019年度の大学全体の志願者数の伸び率は179.1%，滋賀県の協定指定5校の志願者数の伸び率は351.9%である．大学全体の伸び率の約2倍の伸び率である．大学全体でも8年連続して志願者数が伸びている中で，さらにその上を行っていることになる．

　断っておくが，協定指定の5校と協議してきた過程では，高校側に志願者を増やして欲しいとは一切言っていないし，生徒たちにも本学の受験を勧めることは一切言っていない．なぜこのように志願者が増えたのか，いくつかの高校の教員に聞いてみた．異口同音に返ってきたのが，「信頼」ということだった．「あなた方は，事前の約束どおり志願者が欲しいとか受験促進は一切口にしなかった．そして，本来は自分たちがやらなければならないような講演と感想文へのコメント書き．これがどんなに大変かは，自分たちでもよくわかる．本当に生徒の成長を願って真剣に立ち向かっているのだということがよくわかったからですよ．信頼感は半端ないですよ．」などと語ってくれた．このような取組みは，成果が見えるためには時間がかかる．すぐの成果を求めようとしたり，効率性を求めるのなら，これらの取組みはできない．生徒の成長に責任を果たそうとする立場で，大学と高校の現場レベルでの粘り強い取組みにしなければ成立しない．教訓とすべきだろう．

4　高大接続の発展

　高大接続の取組みの事例として，追手門学院大学が進めている併設校2校（追手門学院中・高等学校，追手門学院大手前中・高等学校）との AP（Advanced Placement）制度についても紹介しておく．この制度は，2013 年頃から始まったが，アサーティブ課が所管し，体制上も本格的に取り組まれたのは 2015 年度からだった．

　上記2校の追手門学院大学専願者を対象に，本学の秋学期の通常科目を履修できる制度である．毎週2日程度，生徒が本学に来て，在学生と一緒に講義を受講する．学期末に試験を受けて合格点を取れば，大学入学後の取得単位に組み入れられる．大学で単位を取得すれば，高校での単位にも組み入れられる．取得できる単位は，年度の時間割にもよるが，最大で 10 単位程度は取得可能となる．両高校とも 20 名前後の受講者がいる．

　一般には，単位の先取りなどとも言われる．単位を先取りして，余裕のできた時間を，他の学習や留学などに活用すれば意味があるが，実態は必ずしもそうならないケースもある．学生によっては，先取り単位があるために慢心してしまい，アルバイトや遊びに走ってしまうこともある．

　そのようなことを避けるために，この制度の目的を，大学での学びを高校時代に経験して，大学入学後の学びがスムーズにできるようにする，と明確にして，単なる単位の先取りとはしないようにした．

　授業時間以外の時間は，「AP ナビゲーション」の時間とし，レポートの書き方，パソコンの使い方，履修登録の仕方等を学ぶようにした．

　2020 年度以降からは，高校の3学期に，併設校からの内部推薦合格者全員に対象を広げて「AP ナビゲーション」を行い，大学合格から入学までの空白期間を少なくする高大接続プログラムとして実施することを提案している．

5　追手門学院大学の教育改革への展開

　追手門学院大学では，第Ⅱ期中期経営戦略（2016 ～ 2018 年度）を策定し，

ビジョンを「一人ひとりの学生が志を掲げて自らを信頼し学び実践する文理総合の文化を有する大学となる」とし，64の重点中核施策を定めた．これらの戦略と中核施策については，理事会の下に中期経営戦略推進本部を設け，毎年定期的に行われるPDCA（Plan-Do-Check-Act）会議で進捗管理を行い，経営手法の改善を行ってきた．この戦略の最重点を教育改革に置き，本格的な教育改革を実現するために，2016年4月に教育改革本部を設けて，カリキュラム改革と教育手法の改革を柱とした教育改革を加速させてきた．ここでのポイントは，①全学部のカリキュラムマップ作成とナンバリング，そのことと連動した科目精選，②全学部での検定テストの試行的実施，③学生カルテの作成と活用であり，①は2019年度実施，②は2018年度プロトタイプの作成・実施，③は2018年度実施に向けて具体化した．

　また，2019年4月に，それまでの安威キャンパスから直線距離で約2km，JR総持寺駅から徒歩十数分ほどの場所に新キャンパスを開設した．新キャンパスには，1年生全員の基盤教育と，地域創造学部・国際教養学部の2学部が移転した．新しい施設・設備は，さまざまなアクティブラーニングが旺盛に展開することを想定して設計されている．ICTも大いに活用するために，BYOD（Bring Your Own Device）を実施している．安威キャンパスでも新キャンパスでの取組みと同様の展開ができるよう整備が進められている．学生の主体性を育てる教育手法の開発として，正課・正課外を問わず，無数の「学びあい，教えあい」の教育スタイルを意識的に形成し，学生の基礎学力向上の具体化，なども実現することになっている．

　特に，今回の調査研究で明らかになった成長の可視化を具体化するために，「オイナビ（追Navi）」というシステムを開発し2018年度から順次実現してきている．これは，教員や職員から見たら学生一人ひとりの成長支援への可視化（カルテ）ということができ，学生の側から見たら自分自身の成長の可視化（学生ポートフォリオ）という設計にしている．これにより，学生の成長や発達段階に応じた支援やアドバイスが，より均質的で的確にできるようになると考えている．アサーティブプログラムで面談を受けて本学に入学した学生の記録もこの「カルテ」に搭載し，成長支援に役立てることにしたいと考えている．一方では，「面談力」を高めるためのFD（Faculty Development）やSD

も必要となるので，そのための研修やケース検討の機会を設けたい．時間や予算の制約で，最初から完成形とはいかないが，年々充実させていくことになるだろう．

　本研究を通して明らかになってきたことは，アサーティブ入試で入学してきた学生は，本学を第一志望とした者が9割以上で，基礎学力も一定程度はあり，学びへの姿勢や意欲も他の入試で入学した学生よりも高いことであった．また，2012年度の学生生活実態調査では，本学を第一志望とした学生が12.7％だったものが，2019年度の GPS-A 調査（ベネッセ i キャリアのアセスメント）では52.5％になって，学内の学びへの雰囲気が大きく変わったことへの影響もあった．さらには，アサーティブの取組みが社会的にも大きく評価され，2014年度の大学教育再生加速プログラムの入試改革部門に採択された3大学（本学・お茶の水女子大学・岡山大学）の一角を占め，文字どおり改革が加速された．加えて言えば，2013年度から8年連続志願者増となった大きな要因の1つでもあった．いわば，プログラムや入試としては成功していると言い切れるだろう．ただ，入学後の彼らの成長は，学内関係者の期待が大きかった分，その期待に見合うものにはなっていなかったのだろう．中退率が高い（実際には全学平均と同程度）とか，学業成績（GPA：Grade Point Average）が低い（実際は全学平均と同程度）とか，ある瞬間のごく一部を指摘して問題視するような幹部教職員も出てきた．

　しかしながらそれは，アサーティブ入試で入学した学生たちにだけ当てはまることではなく，すべての入学者にも共通の課題とすべきではないかということで，進行中の教育改革の中で解決策を考えていくこととなった．上述した「オイナビ」がその一つだったし，カリキュラムマップを策定する過程でわかりやすいカリキュラム体系と科目精選を行ったのもその一環であった．検定テストの提起も質保証の問題ではあるが，やはりこの過程で発想したことである．また，2018年度から検討された WIL プログラム（Work Is Learning の頭文字を取った造語）は，学生の主体性を育てる教育手法の開発として，正課・正課外を問わず，無数の「学びあい，教えあい」の教育スタイルを意識的に形成するものとして制度化された．無数のアクティブラーニングの「場」が形成され，学生たちの興味と関心に沿って主体的な学びを促す仕組みなので，

アサーティブ入試で入学した学生にはうってつけと考えた．ただ，これも予算と新型コロナウィルス感染症の影響でまだ実践の段階には至っていない．

　いずれにせよ，入試前からアサーティブプログラムの取組みを通じて，高校生がアイデンティティを形成するために，Erik H. Erikson の言う信頼，自律，自発，努力，有能感をもつことができるように支援し，大学に入学してからも成長支援に活用されるようになるだろう．アサーティブプログラムを受けずに本学に入学した学生も含めて，構造化された正課カリキュラムで基礎教養と専門基礎を確実に学び，自分が何を学ぶのかを自覚し，何を学んだかの確信がもてるようなるだろう．また，検定テストを行うことによって，学びの質保証もできるようになるだろう．学生は「学生ポートフォリオ」を活用して，主体的に自らの成長を確認し新たな目標を掲げやすくなる．また，教員や職員は「学生カルテ」を活用し，一人ひとりの学生の成長に的確な支援ができるようになるだろう．これらのことを通して，鍛え抜く教育に耐えられる学びの力（学力の三要素）を飛躍的に向上させることができるようにしたいものだと考えている．

　大学は 4 年の教育期間だが，本人が希望すればその 4 年間分の学費で，入学前の 3 年間と卒業後の 3 年間の合計 10 年間の教育サービスを受けることができるようになればと望んでいるし，それは不可能ではないと思う．すでに，入学前の 3 年間はアサーティブプログラムがあるのでそれを活用できる．卒業後のことは，現在，就職・キャリア開発支援課で試行的な取組みを開始している．卒業後 3 年間としたのは，全国的に，卒業後 3 年間で 3 割以上の大学卒業者が離職しているという実態があるからである．

　「分厚い中間層」が入学してくる本学の学生は，入学時の「偏差値」はそれほど高くはない．しかしながら，今回の調査研究の成果を活かして上述の取組みを実現していく中で，卒業時にはほとんどの学生が，本人はもとより誰の目にも大きく成長したと実感できる大学になるよう改革を推進していくべきだろう．すでにいくつかは具体化しているが，試行錯誤も含めてこれからも継続して発展させていって欲しいと願っている．

参 考 文 献

福島一政（2018）「『育成』視点の高大接続プロセスの今後の展開に関する議論」『「学びと成長の可視化」からその先へ―アサーティブプログラム・アサーティブ入試の実証的研究で見えてきたこと―』，追手門学院大学アサーティブ研究センター・ベネッセ教育総合研究所，62-64.

福島一政（2020）「高校生の意識実態と中高教員の労働実態から高大接続・高大連携の在り方を考える」『追手門学院大学アサーティブ研究センター紀要』3，34-46.

絹川正吉（1995）『大学教育の本質』，ユーリーグ株式会社.

追手門学院大学（2019）『2018 年度アサーティブプログラム・アサーティブ入試補助事業 報 告 書 』，https://www.otemon.ac.jp/library/assertive/plan/pdf/2019_report.pdf（2020 年 8 月 27 日）

第 4 章

アサーティブ入試で入学した学生の特徴

― GPS-Academic を用いて 2018 年度から 2020 年度の 新入生の回答を比較する

原田 章

1 アサーティブ入試の効果検証

　本章の目的は，アサーティブプログラムとアサーティブ入試を通して入学した学生の特徴を計量的に調べ，アサーティブの取組みの効果について検証することである．アサーティブ入試は，入学させたい学生の特徴が明確である．そのため，この入試によって入学した学生の特徴を調べることによって，入試の成否を計量的に調べることが可能である．

　このような効果検証は多様化する入試制度において重要なものであるが，入試制度の設計が曖昧であったり，アカデミックポリシー（AP）との対応が不明瞭であったりすることから，入試制度の対象とする学生がその制度で獲得できているかどうかの詳細な検証がなされることは少ないように思われる．本章は，入試制度の成否を計量的な側面から効果検証する内容となっている．

(1) 2016 年度新入生の分析例

　アサーティブ入試の効果検証といえる分析は，原田（2018）においてなされている．原田（2018）は，2016 年度新入生が回答した「大学生基礎力レポート I（新入生版）」の結果を入試区分ごとに分析・検証することで，アサーティブ入試を経て入学した学生が期待通りの特徴を持っていたことを示している．この調査結果は，新入生が入学時に回答したもので，新入生の回答率は

99.9％であった.

　アサーティブプログラムでは,大学に入学する意義や大学で学ぶ目的を明確に意識してもらうために面談を行う.その結果,学びに対する姿勢や意欲が積極的になっていることが予想される.原田(2018)では,大学で学ぶ目的として選択した項目において,アサーティブ入試で入学した学生(以降,この章ではアサーティブ新入生と呼ぶ)と他の入試区分で入学した学生とでは傾向が異なることを示している.アサーティブ新入生は,大学で学ぶ目的として「将来なりたい職業に就くために必要な資格や免許を取る」,「将来なりたい職業に就くために役立つ専門知識や技術を身につける」,「社会に出たときに役立つ知識や技術を身につける」といった項目を選択する傾向が他の新入生より強かった.一方,大学で学ぶ目的が「まだ見つかっていない」と回答する傾向が他の新入生に比べて低かった.特に,一般入試および公募制推薦入試の新入生とほぼ逆の傾向であった.

　学びに対する姿勢や意欲に関しては,どの入試区分においても積極的な姿勢が見られたことから,アサーティブ新入生に特徴的なものはあまり見られなかった.しかし,アサーティブプログラムの影響と考えられる回答傾向を示すものもあり,「授業の内容と将来の目標との結びつきを理解している」,「新しいことを学ぶのは楽しい」,「職業選択にあたって,どのような条件を重視したいかがはっきりしている」といった項目では「あてはまっている」と回答する傾向が強いことが示されている.

　原田(2018)では,こうした傾向とは別に,基礎学力の定着度についても検討されている.その結果,アサーティブ新入生は,一般入試や公募制推薦入試の入学生には劣るものの,その他の入学生よりやや高いことが示された.

(2) 本章で分析するデータ

　本章では,直近3年間のデータについて分析した結果を報告する.入学年度は2018,2019,2020年度となる.追手門学院では,2017年度まで学生に「大学生基礎力レポートⅠ(新入生版)」を受検してもらい,学修状況の把握に用いてきた.しかし,2018年度以降はこれを改良した"GPS-Academic(以降,GPS-Aと表記)"に変更した.大学生基礎力レポートとGPS-Aとでは,結果

を単純に比較できない部分もあるため，同一内容で受検した3年間のデータを用いることとした．また，本章では入学時の特徴を検討するので，各年度新入生の回答結果を用いた．

表4-1は，2018年度から2020年度までの入学者数，GPS-A受検者数，受検率，入試区分の内訳を示したものである．表中にある「その他入試」は，AO入試に近い形式で行われていたもので，スポーツ推薦入試，帰国生徒入試などが含まれている．また，図4-1は，表4-1の入試区分別人数の割合を年度ごとにグラフ化したものである．受検率は3年間を通して高いが，アサーティブ入試の新入生割合は減少し，一般入試，指定校推薦入試の新入生割合が増加していることが分かる．なお，これ以降，特に断りがない場合を除いて，すべての図表は年度別に示すこととする．

表4-1　2018-2020年度の入試区分別GPS-A受検者数

年度	2018年度	2019年度	2020年度
入学者数	1,888	1,895	2,199
受検者数（受検比率）	1,722（91.2%）	1,814（95.7%）	2,037（92.6%）
入試区分　A. アサーティブ入試	173	105	60
B. センター入試	36	50	34
C. 一般入試	288	333	549
D. 公募制推薦入試	475	382	393
E. 指定校推薦入試	482	706	806
F. 内部推薦入試	49	66	84
G. 留学生入試	42	24	35
H. その他入試	177	148	76

こうした変化は，入試制度の変更によるものが大きい．アサーティブ入試は，この3年間で学力試験の比重を高めるように変更した．また，募集人員も

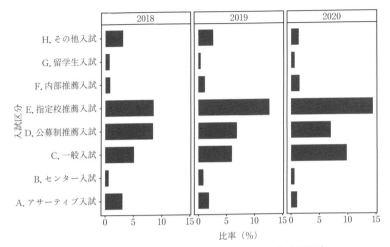

図4-1　GPS-A 受検者に占める各入試区分の年度別比率

減少し，結果的に入学者数も減少している．この間，追手門学院大学は毎年志願者数が増加しており，入試は難化してきた．それに合わせて，AO 入試からアサーティブ入試への転換，一般入試の合格者割合増加を目指してきた．2020 年度入試では，合否に影響はしないものの，指定校推薦入試においても基礎学力の測定を行った．

(3) GPS-A の測定内容

　GPS-A は，大学生基礎力レポートⅠ（新入生版）と同じ Benesse i-Career が開発した検査である．公式 Web ページによると，「大学の学びや研究で培われる汎用的能力を客観的に測定」することができるもので，学修成果の可視化や検証に活用することができる．実施方法は，CBT（Computer Based Testing）方式で，測定内容は，「問題解決の質と深さを左右する思考力」，「問題解決に向かう姿勢・態度」，「問題解決の力を磨くための経験」，「学生意識調査」となっている．

　本章では，こうした測定内容の中から，アサーティブ新入生の特徴を検討する上で重要だと思われるものの分析結果について報告する．測定方法や測定項目については，適宜説明を行う．なお，説明では GPS-A の公式 Web ページ

に掲載されているものを元に行う．

2 │ 志望した大学に入学できているか

　まず，新入生は追手門学院大学が第1志望であったのかどうかについて入試区分別に見ていく．GPS-A には，学生意識調査の中に「大学志望度」「学部・学科志望度」「大学納得度」「興味関心の一致度」を回答する項目がある．図4-2 は大学志望度，図4-3 は学部・学科志望度，図4-4 は大学納得度，図4-5 は興味関心の一致度について回答分布を入試区分別に図示したものである．凡例中にある "NA" は「無回答」を意味している．また，図4-5 の回答選択肢は「一致している」「一致していないが，興味関心に近い分野」「興味関心とは異なる分野」「まだ自分の興味関心が分からない」「所属する学部・学科の学問内容がよくわからない」「その他」であった．図中の凡例では，それぞれ「A. 一致」「B. 近い分野」「C. 異なる分野」「D. 興味関心不明」「E. 学問内容不明」「F. その他」となっている．

　これらの図を見ると，アサーティブ新入生が大学を第1志望で選び，第1志望の学部・学科に入学している割合が高いことが分かる．また，入学したこと

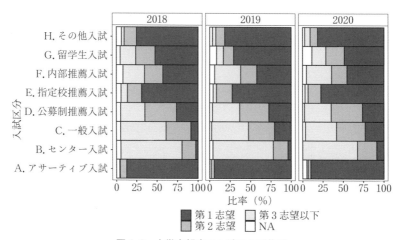

図4-2　大学志望度の入試区分別集計

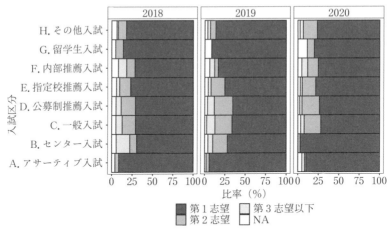

図4-3　学部・学科志望度の入試区分別集計

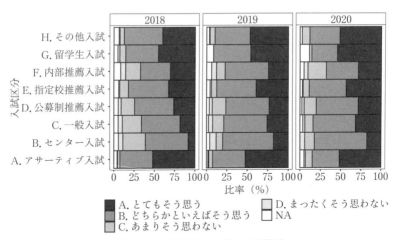

図4-4　大学納得度の入試区分別集計

にも納得している割合が高く，自分の興味関心との一致度も他の入試区分と比べて高い傾向が見られることが分かる．ただし，年次変化を見ると，興味関心の一致度においてアサーティブ新入生が一致していると答える割合が減少に傾向にある．また，大学の志望度は入試区分によって第1志望の割合が異なるが，学部・学科の志望度はどの入試区分においても第1志望が高い．これは3

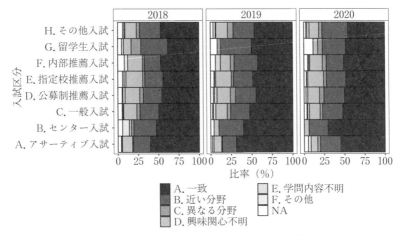

図4-5　興味関心の一致度の入試区分別集計

年間通して見られる傾向で，新入生が全体的に大学の選択よりも学部・学科の選択を優先して考えていることが分かる．

　こうした結果は，アサーティブプログラムとアサーティブ入試の狙いから考えて妥当なものである．特に，図4-4の大学納得度において，一般入試や公募制推薦入試より「とてもそう思う」の回答割合が高いことが，アサーティブ新入生の特徴をよく表していると思われる．ただし，「どちらかといえばそう思う」までを含めた割合で見ると，2020年度では入試区分の差がなくなってきており，どの入試区分でもおおむね納得している学生の割合が高くなっている．これは，追手門学院大学のブランド力が向上していることを示しているのかもしれない．

3　学びへの意欲はあるか

　次に，新入生が学びの意欲を持っているかどうかについて見ていく．GPS-Aの質問項目の中に，学びへの意欲を回答する項目として次の5項目がある．
●Q1：「正解」のない課題であっても，前向きに取り組もうとする

- ●Q2：普段から自分なりの意見や視点を持とうとしている
- ●Q3：失敗しそうであっても，いろいろなことに挑戦してみたい
- ●Q4：考え方や立場の異なるさまざまな人と交流したい
- ●Q5：高い目標を持って学ぼうと思っている

　回答選択肢はいずれも「非常にあてはまる」「ややあてはまる」「あまりあてはまらない」「まったくあてはまらない」の4段階である．そこで，各項目の回答分布を入試区分別に調べた．その結果，どの質問項目においても意欲の高い回答の割合が高くなった．これは2018年度から2020年度の3年間においておおむね同じ傾向であった．

　例えば，図4-6はQ1「『正解』のない課題であっても，前向きに取り組もうとする」の入試区分別集計結果である．この図から分かるとおり，「非常にあてはまる」と「ややあてはまる」の合計割合が高かった．他の質問項目もほぼ同じ傾向であった．これはGPS-Aを受検する時期が関係していると考えられる．新入生は入学直後で入学の高揚感や効力感が高まる一方，大学生活への不安感も合わせ持つ時期である．そうしたことから，どの入試区分で入学しても学びへの意欲が高くなっているのではないかと思われる．

　そこで，入試区分の回答傾向を相対的に比較するために，Q1からQ5の質

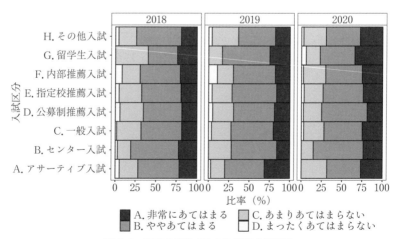

図4-6　学びの意欲Q1の入試区分別集計

問項目と入試区分の関係性を対応分析によって求めた．回答選択肢は4段階で
あったので，「非常にあてはまる」または「ややあてはまる」と回答した人数
を入試区分別に求め，対応分析のデータとした．対応分析の次元数は2とし，
得られた結果を2次元平面上に布置した．図4-7は，結果のグラフを年度別に
示したものである．

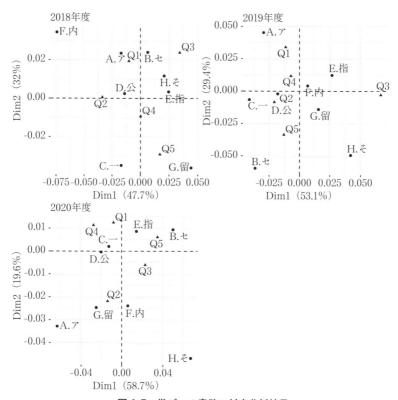

図 4-7　学びへの意欲の対応分析結果

　図を見ると，2018年度と2019年度は，アサーティブ入試とQ1の距離が近
いことが分かる．これは，他の入試区分に比べてアサーティブ新入生はQ1に
あてはまると回答する傾向が強かったことを表している．しかし，2020年度
では，アサーティブ入試と近い質問項目は見られなかった．その代わり，Q1

とは指定校推薦入試や一般入試が近くなっており，回答の傾向が変わってきていることが分かる．

　全体的には学びへの意欲が高い傾向が見られたので，この結果はアサーティブ新入生の学びへの意欲が低いということを表してはいない．ただし，図4-6を見ると，アサーティブ入試の「非常にあてはまる」「ややあてはまる」の合計割合が3年間で減少していることが分かる．他の入試区分ではそのような傾向が見られないので，アサーティブ入試のみで見られる傾向である．このような傾向はQ1でのみ見られたもので，これをもってアサーティブ新入生の特徴が失われたと考えるわけにはいかないが，項目の内容的には積極的な反応が高くなってもよい項目であると思われる．

4　力をいれたいことは何か

　学びへの意欲がどのような方向に向いているかを考えるために，学生意識調査の中にある「大学生活の中で力を入れたいこと」の内容を見てみる．この項目は14個の選択肢から自分が力を入れたいことを選択するもので，次のとおりである．

- 専門分野の勉強（採用試験対策のための勉強を除く）
- 教養を身につけるための勉強
- 卒業研究
- 語学に関する勉強
- 留学または留学のための準備
- 資格取得・スキル習得のための勉強
- 公務員・教員等の採用試験対策のための勉強
- 就職活動に向けた準備（業種・企業研究，人脈づくりなど）
- クラブ活動（部活動），サークル活動
- 友人や先輩・後輩など，人との交流
- 社会活動（ボランティア，NPOなど）
- アルバイト
- その他

表 4-2　大学で力を入れたいことの上位 3 つ

入試区分	2018 年度		2019 年度		2020 年度	
	項　目	比率	項　目	比率	項　目	比率
A. アサーティブ入試	A. 専門分野	33%	A. 専門分野	33%	A. 専門分野	35%
	F. 資格取得	12%	F. 資格取得	13%	F. 資格取得	20%
	B. 教養	8%	B. 教養	11%	B. 教養	13%
B. センター入試	A. 専門分野	28%	A. 専門分野	50%	A. 専門分野	59%
	F. 資格取得	19%	F. 資格取得	16%	F. 資格取得	15%
	D. 語学	14%	D. 語学	12%	D. 語学	9%
C. 一般入試	A. 専門分野	34%	A. 専門分野	34%	A. 専門分野	30%
	F. 資格取得	20%	F. 資格取得	17%	F. 資格取得	17%
	B. 教養	9%	B. 教養	12%	B. 教養	14%
D. 公募制推薦入試	A. 専門分野	26%	A. 専門分野	25%	A. 専門分野	25%
	F. 資格取得	17%	F. 資格取得	19%	F. 資格取得	15%
	B. 教養	12%	B. 教養	12%	B. 教養	15%
E. 指定校推薦入試	A. 専門分野	24%	A. 専門分野	28%	A. 専門分野	25%
	F. 資格取得	16%	F. 資格取得	18%	F. 資格取得	16%
	B. 教養	10%	B. 教養	11%	B. 教養	13%
F. 内部推薦入試	A. 専門分野	18%	A. 専門分野	24%	A. 専門分野	18%
	F. 資格取得	18%	F. 資格取得	17%	F. 資格取得	17%
	B. 教養	16%	B. 教養	11%	B. 教養	12%
G. 留学生入試	A. 専門分野	50%	A. 専門分野	63%	A. 専門分野	40%
	B. 教養	7%	B. 教養	13%	B. 教養	20%
	D. 語学	7%	D. 語学	8%	D. 語学	17%
H. その他入試	I. クラブ活動	19%	I. クラブ活動	23%	I. クラブ活動	29%
	A. 専門分野	16%	A. 専門分野	20%	A. 専門分野	18%
	F. 資格取得	12%	F. 資格取得	11%	F. 資格取得	14%

●特にない

　GPS-A では，この中から順位づけをして3つ選択することになっている．そこで，ここでは第1位に選んだ選択肢を調べて入試区分別に上位3つの選択肢を調べた．表4-2はその結果である．

　この表を見ると，どの入試区分でも専門分野の勉強と資格取得・スキル修得のための勉強，教養を身につけるための勉強に力を入れたいという回答が多かったことが分かる．アサーティブ新入生は，2019年度以降，就職活動に向けた準備が上位に入ってくる．資格取得も就職活動の準備と考えられるが，就職活動に向けた準備の選択肢の方がより具体的な活動を指している．したがっ

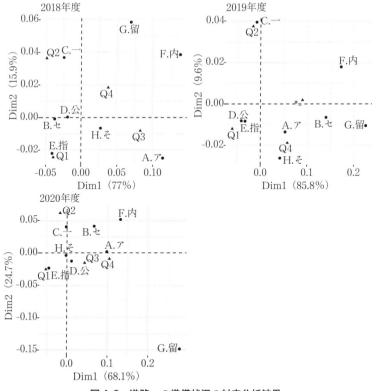

図4-8　進路への準備状況の対応分析結果

て，アサーティブ新入生の就職活動に対する意識が他の入試区分より高いことが予想される．

　就職活動に対する意識は，進路への準備状況を回答する質問項目4つから調べることができる．4項目は次のとおりである．

● Q1：自分の性格や行動パターン，得意分野などを理解している
● Q2：社会や職業のことを知るために，毎日，ニュースをチェックしている
● Q3：自分が就きたい職業や仕事が明確になっている
● Q4：自分の将来就きたい仕事，やりたいことに向けて準備をしている

　この4項目は学びへの意欲と同様の回答選択肢であったので，同じ分析手順を用いて，対応分析を行った．図4-8 はその結果を表したグラフである．

　図から分かるとおり，アサーティブ入試と近い項目として，2018年度と2019年度は Q3，2019年度と2020年度は Q3 と Q4 があげられる．このことから，アサーティブ新入生は他の入試区分に比べて就職を具体的に捉えていると思われる．これはアサーティブプログラムやアサーティブ入試の狙いと合致する結果であろう．

5 学生生活に不安はあるか

　では，新入生が抱いている不安に何らかの違いがあるかどうかについて見ていく．学生意識調査の中には，不安に関する項目として次の5項目がある．

● 友人ができるか不安がある
● 授業についていけるか不安がある
● 授業料の納付などに不安がある
● 他の学部・学科に編入したい
● 他大学の再受験や退学を検討している

　回答選択肢は学びの意欲の質問項目と同様であった．図4-9 から図4-13 は，この5項目の回答分布を入試区分別に図示したものである．

(I) 大学生活に関する不安

　図4-9 と図4-10 から分かるとおり，「非常にあてはまる」と「ややあてはま

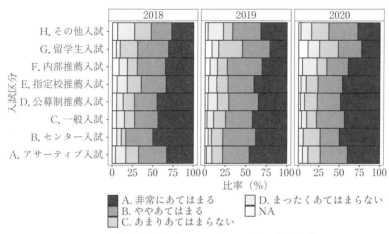

図 4-9 「友だちができるか不安」の入試区分別集計

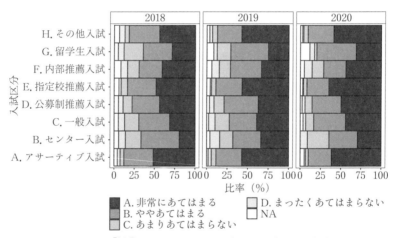

図 4-10 「授業についていけるか不安」の入試区分別集計

る」の合計割合が3年間を通して全体的に高い．大学生活で友人ができるかどうか，授業についていくことができるかどうかは入学直後の新入生にとって重要な問題であり，この2点に不安を感じることのは自然なことであると思われる．

　ただし，図4-10の「非常にあてはまる」の割合を見ると，アサーティブ入

試, 指定校推薦入試, その他入試の割合が他に比べて高いことが分かる. 指定校推薦入試とその他入試は, 合否に与える学力要因の影響が少ない入試区分である. したがって, 自身の学力に強く不安を持っていても不思議ではないだろう. 大学での学習に対する漠然とした不安のひとつであると考えることもできる.

しかし, アサーティブ入試は年々学力検査の比重を高めており, e-Learning の機会も与えられている. 学力の底上げに自分で取り組むことができたかどうかは分からないが, アサーティブ新入生はアサーティブプログラムを通して大学で学ぶために自分にとって足りない学力が何かを気付かされ, 自己の把握を行う. このことから, アサーティブ新入生の持つ不安は, 自己把握できている中で起きているものであり, まったく未知なものに対する不安とは質の異なるものかもしれない.

(2) 転学・退学の意向

図 4-12 および図 4-13 は, 転学部・転学科・他大学への再入学の意向がどの程度あるかを示すものである. 全体的に転学や退学の意向は低く, この 3 年間同様の傾向である. 特に, アサーティブ新入生の中で転学や退学を考えている割合は極めて少ないと考えることができる. 学ぶ場所を変更したいという思い

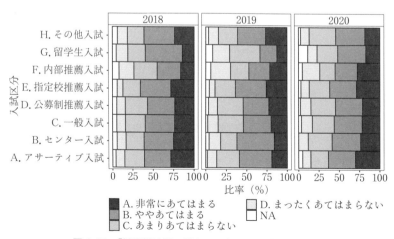

図 4-11 「授業料納付に対する不安」の入試区分別集計

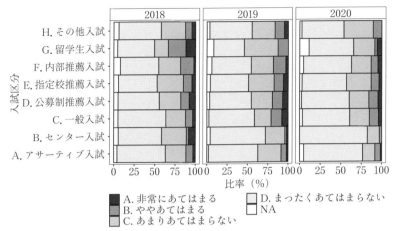

図 4-12 「他の学部・学科に編入したい」の入試区分別集計

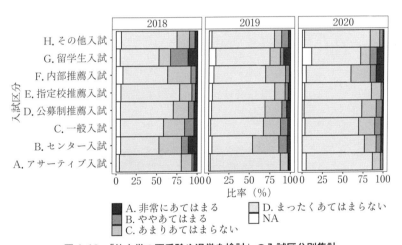

図 4-13 「他大学の再受験や退学を検討」の入試区分別集計

は，現状に対する不安や不満が根底にあると考えるのが自然である．したがって，第1志望の割合が高いアサーティブ入試では，転学・退学の意向が低くなるのは当然であろう．

　なお，図 4-11 は退学を引き起こす原因のひとつとなり得る内容であるが，入試区分による差異はないように思われる．このことは3年間同様に読み取れ

る．したがって，経済的な問題が転学や退学の意向に与えている影響はどの入
試区分においても一定であると考えられる．

6 「思考力」の入試区分による差異

　思考力の測定は，選択式問題に答える方式と選択式問題＋記述式問題に答え
る方式がある．本学では，選択式問題に答える方式で測定した．思考力の測定
結果は，Benesse i-Career が保有する全国データにおける相対スコアで示さ
れ，3つの思考力「批判的思考力」「協働的思考力」「創造的思考力」それぞれ
のスコアと，3つの思考力を総合した思考力総合のスコアがある．
　図 4-14 は，各年度において思考力総合のスコア分布を入試区分別に示した
箱ひげ図とジッターチャートを合わせたものである．図 4-15 は，思考力総合
の平均値と標準偏差を入試区分別に示した棒グラフである．
　箱ひげ図に示されている四角形の中に全体の 50% の値が含まれることから，
どの入試区分においても年度が進むにつれてスコアが高くなっていることが分
かる．アサーティブ入試でみると，2018 年度はおよそ 25 から 40 弱の範囲に
半分のアサーティブ新入生が含まれていたが，2020 年度には，その範囲がお

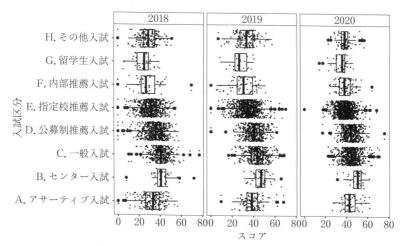

図 4-14　思考力総合の入試区分別スコアの分布

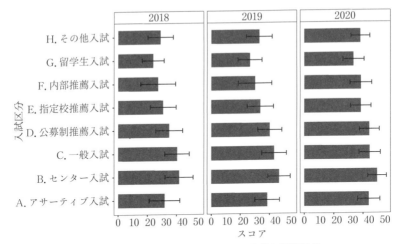

図4-15　思考力総合の入試区分別平均値と標準偏差

よそ40弱から50弱になっていることが分かる．特に，スコア20以下の割合が全体的に少なくなっており，入学生の思考力が底上げされていることが分かる．

　図4-15の平均値だけで見ると，アサーティブ新入生の偏差値は公募制推薦入試や一般入試の新入生とほぼ同等になっていることが分かる．こうした傾向は，思考力を構成する3つの内容それぞれにおいても同様であった．

7 「姿勢・態度」の入試区分による差異

　姿勢・態度の測定は，問題解決をする際にどのような姿勢・態度で臨むかを選択式で回答する方式であった．具体的には，精神的なタフさを表すレジリエンス（感情の制御，立ち直りの早さ，状況に応じ冷静に対応する），物事に向かう前向きさを表すリーダーシップ（自ら先頭に立って進める，未知のものに挑戦する，粘り強くやり抜く），他者への働きかけ（相手の立場に立とうとする，他者と関わろうとする積極性）の程度を表すコラボレーションといった内容を測定した．これらの結果も思考力と同様に全国データとの相対スコアとして示されている．

　図4-16から図4-18は，レジリエンス，リーダーシップ，コラボレーションの入試区分別スコアの分布を示したものである．また，表4-3と表4-4はこれら3つの入試区分別平均値と標準偏差をそれぞれ示したものである．

　図の分布を見ると，人数の違いから分布が異なっているように見えるが，平

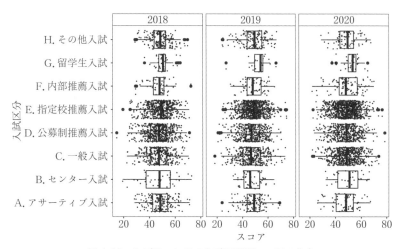

図 4-16　レジリエンスの入試区分別スコアの分布

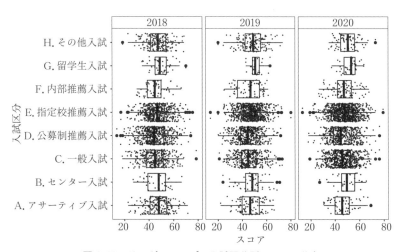

図 4-17　リーダーシップの入試区分別スコアの分布

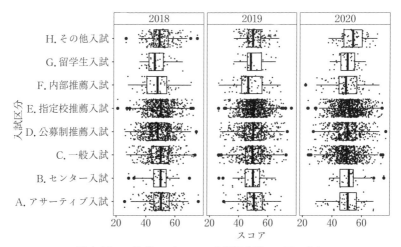

図4-18　コラボレーションの入試区分別スコアの分布

均値と標準偏差の値から，入試区分の分布に大きな差があるとはいえない．また，この3年間で分布の傾向に大きな変化もなかった．アサーティブプログラムやアサーティブ入試の狙いから考えると，姿勢・態度のスコアに他の入試区分と大きな違いが見られなかったのは問題であるように思われる．しかし，レジリエンス・リーダーシップ・コラボレーションが汎用的能力として測定されていることを考えると，アサーティブの取組みが入学時までにこうした能力を直接向上させるようなものであるとは言えないだろう．アサーティブの取組みは行動を決めたり意思決定したりするために心理的な働きかけを行うものである．したがって，態度の変容から行動の変容，その結果として能力の獲得という過程をたどると考えると，入学時で差が見られないことを悲観する必要はないと思われる．

表 4-3　姿勢・態度の入試区分別平均値

入試区分	レジリエンス			リーダーシップ			コラボレーション		
	2018	2019	2020	2018	2019	2020	2018	2019	2020
A. アサーティブ入試	48.5	48.2	47.0	47.2	46.7	46.2	50.7	50.4	50.3
B. センター入試	47.5	46.8	50.1	46.4	48.1	49.5	49.1	48.8	51.4
C. 一般入試	47.2	47.1	48.7	44.9	45.3	46.3	49.6	49.5	49.7
D. 公募制推薦入試	47.1	47.2	48.0	44.8	44.8	45.9	48.4	49.6	50.5
E. 指定校推薦入試	48.3	48.5	48.3	46.9	47.0	47.8	50.0	50.2	51.5
F. 内部推薦入試	46.8	48.9	48.7	45.1	45.7	47.3	47.5	47.5	49.6
G. 留学生入試	50.4	52.6	52.3	49.5	51.4	51.8	46.8	49.5	50.4
H. その他入試	48.4	49.0	49.1	47.4	48.8	50.4	50.2	50.5	53.8

表 4-4　姿勢・態度の入試区分別標準偏差

入試区分	レジリエンス			リーダーシップ			コラボレーション		
	2018	2019	2020	2018	2019	2020	2018	2019	2020
A. アサーティブ入試	8.6	8.6	9.8	9.6	9.1	9.1	8.2	7.6	9.1
B. センター入試	12.8	7.6	9.8	9.3	10.1	8.9	8.7	7.9	8.9
C. 一般入試	9.0	9.7	9.1	10.2	9.5	9.6	8.6	8.5	8.7
D. 公募制推薦入試	9.1	9.0	9.2	10.0	9.3	9.7	8.4	8.9	8.6
E. 指定校推薦入試	8.8	8.2	8.6	9.1	8.8	9.1	7.9	7.5	8.4
F. 内部推薦入試	8.4	7.7	10.7	8.8	9.5	9.8	8.7	9.6	9.4
G. 留学生入試	5.5	7.4	5.8	8.0	5.2	6.4	6.7	7.2	6.1
H. その他入試	7.7	8.9	8.0	9.0	9.4	7.9	7.9	6.5	7.5

8 「経験」の入試区分による差異

　経験の測定は，質問文に記載された経験をどの程度経験してきたかを答える方式であった．具体的には，自己管理（挑戦する経験，続ける経験，ストレスに対処する経験），対人関係（多様性を受容する経験，関係性を築く経験，議論する経験），計画・実行（課題を設定する経験，解決策を立案する経験，実行・検証する経験）といった3つの経験の程度が測定されていた．測定の結果は，100点満点の数値で表され，点数が高いほどその経験が多いことを表している．また，3つの経験の値を総合した総合得点も示されている．

　図4-19は，経験総合の入試区分別得点分布を，図4-20は，経験総合得点の入試区分別平均値と標準偏差を示したものである．

　図から分かるとおり，経験得点は年度が進むごとに入試区分の差が小さくなり，平均値がやや高くなっている．アサーティブ新入生は，2018年度では平均値が相対的に高い方であったが，2020年度ではやや低い方になっている．アサーティブの取組みは経験の得点を高める効果があると考えられるが，ここでも目立つような違いは見られなかった．この理由はさまざまなことが考えら

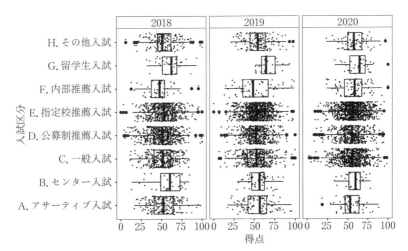

図4-19　経験総合の入試区分別得点分布

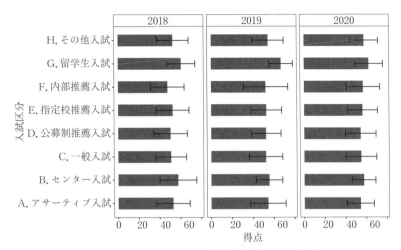

図 4-20　経験総合得点の入試区分別平均値と標準偏差

れるが，アサーティブプログラムの影響が他の入試区分にも現れている可能性がありうる．しかし，分析することができる充分な情報がないため，可能性の指摘に留めておきたい．

9 アサーティブ新入生の特徴とは

　ここまで，アサーティブ新入生の特徴を調べるために，GPS-A で得られた結果を他の入試区分と比較しながら検討してきた．単年度の結果だけを検討するのではなく，2018 年度から 2020 年度の 3 年間を比較することで，より全体的な傾向を把握することができたように思う．

　本章で得られた結果を要約すると，アサーティブ新入生は，大学に納得して入学し，将来に対する具体的なイメージを持っているが，必要な能力やスキルの取得は他の学生と変わらないということになるだろう．受験前に面談を受けて大学で学ぶイメージを明確にできることが他の入試区分とは異なる学生の獲得につながっていると言えるだろう．

　一方で，学びへの意欲や経験の程度の結果では想定されることとは逆の傾向が見られるものもあった．これは測定のタイミングが入学直後であることも影

響しているだろうが，アサーティブ入試において学力要素の影響が大きくなってきたこともひとつの原因と考えられる．学力が重視されるようになったことで，基礎学力の傾向は向上が見られたが，従来であれば合格していた受験生を取り逃がしている可能性がある．このことは一長一短があるため，どちらがよいということはできないが，自分の将来をよく考えて進学してくる学生の方が，主体的な学びに適応的であると考えられる．

　こうしたことを総合的に考えると，アサーティブ入試によって狙い通りの学生が獲得できているかどうかの結論は，おおむね成功していると言えるのではないだろうか．ただ，今後も継続的に効果をあげるためには，アサーティブプログラムの適切な運用が必須であると思われる．

参 考 文 献

Benesse i-Career『GPS-Academic（Global Proficiency Skills program）』（https://www.benesse-i-career.co.jp/gps_academic/）（2020 年 11 月 18 日）

原田章（2018）「『大学生基礎力レポート』に基づく，アサーティブ生の入学時の特徴」追手門学院大学アサーティブ研究センター×ベネッセ教育総合研究所「『学びの成長の可視化』からその先へ―アサーティブプログラム・アサーティブ入試の実証的研究で見えてきたこと―」，pp.16-23.

第5章

データに見る学生の成長プロセス

―「学習成果の可視化」のモデルの検討 ―

木村 治生

1 はじめに

― 分析の目的

　本章では，学生の学習[1] に関する意識や行動，学業成績（GPA：Grade Point Average）のデータを用いて，学生の成長に影響を与える要因を明らかにすることを目的とする．多様な資質・能力の育成に関わる学習意識や行動は，学生自身の成長実感や GPA などの学習成果（Learning Outcomes）にプラスの効果をもつと考えられるが，実際にそうした“大学教育の効用”は存在するのだろうか．また，学習成果に至るプロセスは，彼らが経験してきた入学者選抜によって異なるのだろうか．ここでは，アサーティブプログラム・アサーティブ入試を経て入学した学生（以下，アサーティブ入試生）の特徴に注目しながら，学生の成長プロセスを可視化することを試みる．

　筆者はこれまでも，アサーティブ入試生の特徴についてデータに基づいた分析を行ってきた．第2章でも詳述されているが，彼らは大学入学前から大学で学ぶことの意味を考え，主体性・多様性・協働性を育成・評価する手厚い総合型選抜（AO入試）を経験している．その経験が入学後の学習意識や行動に反映されていることを，一般入試で入学した学生（以下，一般入試生）や推薦入試で入学した学生（以下，推薦入試生）と比較する形で示してきた．今回の分析では，そうした入試区分ごとの単純な比較ではなく，学生のデータがパネルで得られる利点を活かした分析を行う．すなわち，「原因」と考えられる前の

学年の学習意識や行動が，「結果」と考えられる次の学年の学習成果にどのように影響しているのかについての検証である．さらに，そうした成長プロセスが，入試区分によって違うのかを確認することにより，アサーティブプログラム・アサーティブ入試が，大学教育にどのような意味やインパクトをもっているのかについて考察する．

このような検討は，追手門学院大学の一事例ではあるが，学習成果を可視化する一つのモデルになると考える．現在，高等教育において，学習成果の可視化が強く求められている．中央教育審議会が 2018 年に答申した「2040 年に向けた高等教育のグランドデザイン」では，「教育の質保証」の観点から各大学が教育成果に関する情報を把握し，それを公表することを促している．その背景には，各大学が社会的な投資に見合う責任の履行を証明しないと生き残れないという新自由主義的な競争原理がある．しかし，学習成果の可視化は，機関の説明責任のためだけに行うことではない．学習者の視点に立てば，それは自らの学習活動をマネジメントするうえで必要な過程である．主体的に学習活動を行うためには，何を実現できていて何が実現できていないのかを学習者自身が意識して，次の活動を組み立てていかなければならない．本章では，そうした学習者を中心に置く観点から，学習成果につながる学習プロセスとはどのようなものかを考えていきたい．

2 先行研究

選抜方法と入学後の学習成果の関連についての研究は，これまで各大学における追跡調査の形で蓄積されている（西郡，2011）．その多くは，入試区分別に入学後の成績（GPA など）を検証するものだが，一部には非認知スキルなどの多様な資質・能力を検討する研究も見られる（たとえば，高地・永田（2012），内村・山本（2013），中室ほか（2014）など）．ここでも，アサーティブプログラム・アサーティブ入試の目的に鑑みて，協働的な学びの状況や進路意識などの多様な資質・能力を含めた検討を行う．

また，これまでも木村（2018, 2020）は，アサーティブ入試生の特徴を明らかにする分析を行ってきた．一般入試生や推薦入試生と比較したときのアサ

ーティブ入試生の特徴は，以下の3点に集約できる．

アサーティブ入試生の特徴

①基礎学力／批判的思考力：1〜4年次を一貫して一般入試生よりは数値が低いが，推薦入試生とはほぼ同等である．GPAについては，一般入試生と比べて低い学年・学期もあるが，推薦入試生とは有意な差はない．おおむね平均と同等の結果である．

②多様な資質・能力：大学生基礎力レポート（後述）の結果では，一般入試生や推薦入試生よりも高い傾向が見られる．もっとも顕著に異なるのは「進路に対する意識・行動」であり，これは4年間一貫して数値が高い．「協調的問題解決力」「学びの意識・行動」の結果も，2年次以降は統計的に有意でなくなるものの，相対的に高い水準で推移する．

③学習時間：アサーティブ入試生は大学入学前（高校時代）の学習時間が短く，十分な学習習慣が身についていない学生が多い．ただし，入学後の学習時間は，入試区分による差異が見られなくなる．

　以上は，分散分析や多重比較によって得られたアサーティブ入試生の傾向であるが，これらは単に入試区分の属性ごとに差を検証したにすぎない．大学教育の中でそうした特徴がどのように形成されているのか，入学後の成長プロセスは記述できていない．

　そこで，今回の分析では，学生一人ひとりのデータがパネルで得られている利点を活かして，個人の変化（＝成長）を検証する．継続的に個人を追跡する調査が少ないこともあって，時間軸を考慮した縦断分析は先行研究においてほとんど行われていない．この点で，本研究は一大学の事例ではあるが独自性があり，他大学においても成果検証のモデルにもなり得ると考える．

3 リサーチ・クエスチョン

　本研究で検討するリサーチ・クエスチョンは次の2つである（図5-1を参照）．

　1つ目は、「多様な資質・能力に関わる学習意識や行動は、学習成果を高めるか」という問いである。ここでは、学習意識や行動として「協調的問題解決力」と「進路に対する意識・行動」を設定する。また、学習成果を示すアウトカムとして、「自己成長感」と「GPA」を扱う。時間的に先行する協調的問題解決力や進路に対する意識・行動等の資質・能力は、その後の自己成長感やGPAを高めると考えられるが、分析からは果たしてそのような結果が得られるだろうか。それが実証できれば、資質・能力の向上がその後の学習成果に有効なことを裏づけることになる。

　さらに2つ目は、「学習意識や行動と学習成果との関係は、入試区分によって異なるか」という問いである。学習成果につながる学習意識や行動は、経験した入試によって異なるかもしれない。特に、教育的な選抜を経験したアサーティブ入試生は、入学後にどのようなプロセスで学習成果を高めているのだろうか。両者の結び付きの違いを明らかにすることで、アサーティブプログラム・アサーティブ入試が学生の成長に与える効果を検証する。

RQ1：多様な資質・能力に関わる学習意識や行動は、学習成果を高めるか
　　　……両者の関係の検証
RQ2：学習意識や行動と学習成果との関係は、入試区分によって異なるか
　　　……入試区分による違いの検証

図 5-1　リサーチ・クエスチョン

4　扱うデータと分析方法

（1）扱うデータ

　本研究で扱うデータは、株式会社ベネッセ i-キャリアの「大学生基礎力レポートⅡ（在学生版）」の実施で得た学習意識・行動に関わるアンケート調査の結果、および学内の GPA である。本研究では、2016 年度入学生を対象にし

て入学時に「同レポート I（新入生版）」を，2年次以降は「同レポート II（在学生版）」を毎年行った．このうち，同一内容を尋ね，一定規模のサンプルが得られている2年次と3年次のデータを用いる[2]．個人の変化に注目するため，2時点の調査に両方とも協力した670名を分析の対象とした．入試区分ごとの分析対象者は，表5-1のとおりである．

表 5-1　分析対象者

	n	%
一般入試生	152	22.7
推薦入試生	460	68.7
アサーティブ入試生	45	6.7
その他の学生	13	1.9
計	670	100

（2）扱う変数

「大学生基礎力レポート II（在学生版）」は，基礎学力／批判的思考力を問うテスト問題の他に，協調的問題解決力，学びへの意識・取組み，進路に対する意識・行動，学生生活の実態を問うアンケート項目からなり，幅広い内容を調査している（詳細は，岡田（2018）を参照）．本分析ではこの中から，「協調的問題解決力」と「進路に対する意識・行動」の2つの効果を検討する．また，アウトカムの1つとして「自己成長感」を取り上げる．

「協調的問題解決力」は，A：挑戦する力，B：続ける力，C：ストレスに対処する力，D：多様性を受容する力，E：関係性を築く力，F：議論する力，G：課題を設定する力，H：解決策を立案する力，I：実行・検証する力の9つの観点から捉えており，それぞれ3つずつ，合計で27の質問からなる．代表的な質問として，A：「難しいと思えることでも挑戦した」，B：「一度決めたことは最後までやり遂げた」，C：「嫌なことや苦手なことでも，その経験はためになると思って取り組んだ」，D：「自分とは違う考え方をする人から自分にな

いものを学んだ」，E：「初対面の人でも積極的に声をかけた」，F：「チーム活動では自分の考えや意見を積極的に主張した」，G：「良い評価（成績）が得られなかったとき，なぜそうなったかを事実をもとに分析した」，H：「チーム活動などで意見を出すとき，できるだけ新しいアイデアを出した」，I：「チーム活動や試験勉強などで立てた計画はきちんと実行した」などが挙げられる．全体に，課題を遂行するにあたって計画を立て，他者と協働しながら主体的に行動する力を問う内容で構成されている[3]．

　次に，「進路に対する意識・行動」であるが，この項目は，A：自己理解，B：社会理解，C：進路の明確化，D：進路実現行動の4つの観点から，それぞれ5つの質問を尋ねている．代表的な質問として，A：「自分の得意な能力分野を知っている」，B：「職業を取り巻く社会や業界について理解している」，C：「自分がやりたい仕事のイメージがはっきりしている」，D：「自分が関心のある企業や業界についての研究をしている」などがある．自分の適性と社会環境を理解し，進路を明確にして実現に向けて行動しているかを問う設問で構成されている[4]．

　また，アウトカムとして設定する「自己成長感」は，A：知的好奇心の高まり，B：自己の客観視，C：対人関係の成熟，D：社会への関心の4つの観点で，大学での学びを通じて自分が成長した実感を得られているかどうかを尋ねている．それぞれ，5つの質問があるが，代表的なものとして，A：「自分で考えることの面白さを知った」，B：「自分の立場や状況を客観的に見られるようになった」，C：「相手の立場に立って物事を考えられるようになった」，D：「周囲の人や地域・社会への貢献を考えるようになった」などがある[5]．「自己成長感」はもともとストレスが大きい経験をした後のポジティブな変容を指すが，大学教育の成果を捉える枠組みとして援用できる可能性がある（磯野・飛永，2012）．学生自身が大学での学びというストレス環境を通じてさまざまなことができるようになったという実感は，主観的ではあるが，学習成果の一側面と考えてよいだろう．

　ただし，他者による評価として，2年次と3年次のGPAデータもアウトカムとして検証することにした．ここでは，春学期と秋学期のGPAの平均値を算出したものを用いる．

以上の変数の記述統計量は，表5-2 のとおりである．

表 5-2　扱う変数の記述統計量

		n	最小値	最大値	平均値	標準偏差
協調的問題解決力	2 年次	643	27	135	78.20	17.75
	3 年次	651	27	135	80.19	18.35
進路に対する意識・行動	2 年次	654	20	80	47.08	10.35
	3 年次	664	20	80	47.75	10.76
自己成長感	2 年次	649	20	80	56.77	9.51
	3 年次	654	20	80	57.48	9.89
GPA	2 年次	670	0.50	3.93	2.47	0.68
	3 年次	665	0.00	4.00	2.57	0.75

　さらに，これらの変数の入試区分による違いを表5-3 に示す．「アサーティブ入試生の特徴」について前述したように，彼らは「協調的問題解決力」「進路に対する意識・行動」「自己成長感」について他の入試区分よりもやや高く，「GPA」はやや低い傾向が表れている．ただし，分散分析の結果では，2年次の「GPA」にのみ危険率5%の水準で有意差が認められる以外，差異は有意とは言えない．今回の分析では，2年次と3年次の2時点ともに調査に回答しているサンプルに絞ったため有意差が出にくくなっているものと考えるが，入試区分ごとの差異については木村（2020）に詳しいのでそちらを参照してほしい．

表5-3　各変数の入試区分による違い

		一般入試生	推薦入試生	アサーティブ入試生	F値
協調的問題解決力	2年次	78.19	77.98	80.88	0.233
	3年次	79.56	80.08	81.88	0.097
進路に対する意識・行動	2年次	45.68	47.16	49.73	1.426
	3年次	46.16	47.94	50.42	1.625
自己成長感	2年次	55.87	56.91	59.20	0.921
	3年次	56.87	57.57	58.00	0.759
GPA	2年次	2.59	2.44	2.34	3.128*
	3年次	2.65	2.54	2.50	1.024

$*p < 0.05$

(3) 分析方法

分析は，次のステップで行う．

最初に，基礎分析として，扱う変数の相関係数を算出する．ここでは，各変数のつながりの強さについて確認を行う．

次に，「協調的問題解決力」と「進路に対する意識・行動」が，「自己成長感」にどの程度の効果をもっているのかについて，多変量解析を行う．ここでは，2年次の「協調的問題解決力」「進路に対する意識・行動」が，3年次の「自己成長感」に与える影響を検討するために，遅延交差効果モデル（CLPM）を採用する．このモデルは，縦断データを用いて複数の変数が相互に影響を及ぼす可能性をモデルに取り入れ，時系列的な関係を推定する統計的手法である[6]．変数間の関係は通常，同一時点のもの，同じ内容のものに強く表れるが，自己回帰項を統制しても異なる時点，異なる内容の変数間に効果が見られるかがポイントとなる．なお，分析では，「自己成長感」と同様に「GPA」に与える効果についても検証する．

最後に，採択されたモデルが，一般入試生，推薦入試生，アサーティブ入試

生のいずれにも当てはまるのか，変数の効果の表れ方が異なるかどうかを，多母集団同時解析によって検討する．アウトカムに何が効果をもつのかは，過去の学習経験や入学者選抜によって変わるかもしれない．この分析を通して，アサーティブ入試生の成長の特徴を明らかにし，アサーティブプログラム・アサーティブ入試の意義を考察する．

5 分析
— 成長を規定する要因の検討

(1) 基礎分析

　分析を進めるにあたって，扱う変数間の関係を明らかにしておこう．表5-4では，Pearson の相関係数を示した．ここからは，おおよそ次のようなことがわかる．

　第一に，同じ項目の異なる時点（学年）間の相関は，相対的に高い．同じ個人の態度やGPAは，時点が変わっても一貫しているということである．2年次と3年次の相関係数は，「協調的問題解決力」が0.582，「進路に対する意識・行動」が0.689，「自己成長感」が0.581，「GPA」が0.763である．特にGPAは，学年が変わっても変わりにくい．

　第二に，異なる項目間では，異なる時点（学年）よりも同じ時点（学年）の相関の方が高い傾向にある．たとえば，「協調的問題解決力」と「進路に対す意識・行動」の関連は，2年次と2年次では0.426，2年次と3年次では0.381，3年次と2年次では0.420，3年次と3年次では0.487である．こうした傾向は，他の項目でも同様である．同じ年度に受けたアンケートについては，一貫した態度が保たれているということであり，本分析で注目しようとしている「異なる項目の異なる時点の関係」は，もともと少し弱い傾向があるということになる．

　第三に，アンケート内の変数の相関は中程度以上あるのに対して，それらと「GPA」の相関はほとんどない．「GPA」と「協調的問題解決力」「自己成長感」に有意な関連があるが，$r = 0.1$程度に留まる．GPAはそれまでの長い期間に形成された資質・能力の影響を受けており，短期的な意識・行動の影響で

は容易に変わらない可能性が高い.

表 5-4 変数間の関係（相関係数）

		協調的問題解決力		進路に対する意識・行動		自己成長感		GPA	
		2年次	3年次	2年次	3年次	2年次	3年次	2年次	3年次
協調的問題解決力	2年次								
	3年次	0.582**							
進路に対する意識・行動	2年次	0.426**	0.420**						
	3年次	0.381**	0.487**	0.689**					
自己成長感	2年次	0.449**	0.449**	0.471**	0.371**				
	3年次	0.414**	0.562**	0.371**	0.532**	0.581**			
GPA	2年次	0.107**	0.147**	-0.009	-0.011	0.030	0.104**		
	3年次	0.078*	0.111**	0.028	0.017	0.051	0.113**	0.763**	

※ Pearson の相関係数.
※ 0.5 を超える部分に濃い網掛けを，0.3 を超える部分に薄い網掛けをした.
**$p < 0.01$，*$p < 0.05$

(2)「自己成長感」を規定する要因分析

　それでは，「協調的問題解決力」や「進路に対する意識・行動」の有無は，その後の「自己成長感」にどのような影響を及ぼすのだろうか. それを確認するために，図 5-2 のように 2 年次から 3 年次にかけて，時間的に先行する要因が「自己成長感」にどのような影響をもつのかを確認するモデル（交差遅延効果モデル）を作成して，効果の大きさを検証した. なお，計算は，該当の項目に欠損値のある対象者を除外して行った. また，すべてのパスの係数と有意確率を確認し，最終のモデルは有意ではないパスを取り除いた. 適合度指標は，モデルの当てはまりが十分に良いことを示している.

　ここで注目するのは，2 年次の「協調的問題解決力」と「進路に対する意識・行動」から 3 年次の「自己成長感」に引かれるクロスラグの存在である.

図を見ると，「協調的問題解決力→自己成長感」のパス係数（標準化解）は
0.11（$p < 0.01$），「進路に対する意識・行動→自己成長感」のパス係数は 0.13
（$p < 0.001$）で，いずれも正の有意な推定値が認められた．3 年次の「自己成
長感」は，2 年次の「自己成長感」の影響を強く受けるものの，それを統制し
てもなお「協調的問題解決力」や「進路に対する意識・行動」はプラスの関係
をもつ．他者と協働して問題解決に取り組む経験や，自他を理解して進路の実
現に向けた行動をすることが，翌年の自己成長感を高めることを示唆する結果
である．

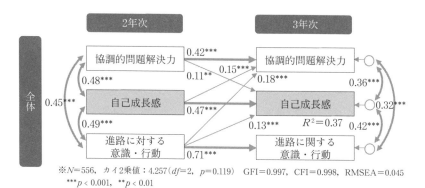

※N=556，カイ2乗値：4.257（df=2，p=0.119）　GFI=0.997，CFI=0.998，RMSEA=0.045
　***$p < 0.001$，**$p < 0.01$

図5-2　自己成長感の規定要因分析

　ちなみに，「自己成長感」を「GPA」に置き換えて同様の分析を行った結果
が，図 5-3 である．これを見ると，やはり「協調的問題解決力→ GPA」「進路
に関する意識・行動→ GPA」のクロスラグの効果は認められない．GPA は
前年の GPA の影響を強く受け，それらの要因によっては左右されにくいこと
を示している．短期的に「協調的問題解決力」や「進路に関する意識・行動」
を高めるような働きかけを行っても，すぐに GPA が変わるようなことはない
ということだろう．

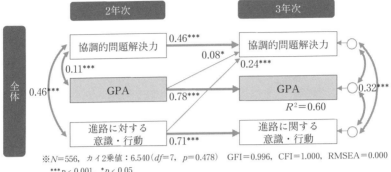

※*N*=556，カイ2乗値：6.540（*df*=7，*p*=0.478）　GFI=0.996，CFI=1.000，RMSEA=0.000
***p<0.001，*p<0.05

図5-3　GPAの規定要因分析

(3) 入試区分による違い

　次に，このような傾向が，経験した入試によってどのように異なるのかを確認する．そのために，図5-2に示したモデルについて，多母集団同時解析を行い，一般入試生，推薦入試生，アサーティブ入試生の違いを検証した．その結果が，図5-4である．ここからは，「協調的問題解決力→自己成長感」と「進路に対する意識・行動→自己成長感」のクロスラグのパス係数が有意かどうかや，その係数の大きさが入試区分によって異なることがわかる．

　まず，一般入試生の結果であるが，一般入試生は「協調的問題解決力→自己成長感」が有意ではない一方で，「進路に対する意識・行動→自己成長感」が比較的高い係数で有意になっている．2年次に進路について考え，行動しているかどうかが，3年次の成長実感につながっている．これに対して，推薦入試生は，いずれのクロスラグも有意だが，パス係数は小さい．さらに，アサーティブ入試生は，「進路に対する意識・行動→自己成長感」が非有意であるのに対して，「協調的問題解決力→自己成長感」が有意であり，かつパス係数の数値も大きい．前年の自己成長感の効果（「自己成長感→自己成長感」）が有意ではなく，それよりも協調的問題解決力の影響が大きいことが特徴的である．

　ちなみに，「GPA」についても有意なクロスラグが表れるかを入試区分ごとに見たが，いずれの入試区分でもGPAへの関連は見られなかった．GPAが他の要因の影響を受けにくいというのは，入試区分を問わず共通する結果であ

った．

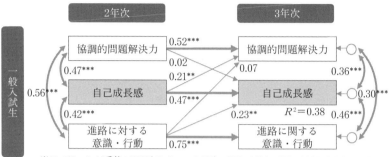

※N=129，カイ2乗値：3.136（df=2，p=0.208）　GFI=0.992，CFI=0.997，RMSEA=0.067
***p < 0.001，**p < 0.01

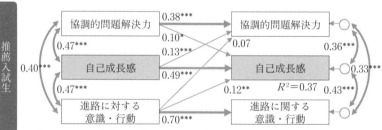

※N=379，カイ2乗値：2.117（df=2，p=0.347）　GFI=0.998，CFI=1.000，RMSEA=0.012
***p < 0.001，**p < 0.01，*p < 0.05

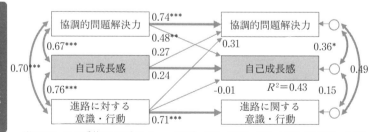

※N=38，カイ2乗値：0.190（df=2，p=0.909）　GFI=0.998，CFI=1.000，RMSEA=0.000
***p < 0.001，**p < 0.01

図 5-4　自己成長感の規定要因分析（入試区分による違い）

6 結論

(1) 分析の結果

　以上，追手門学院大学において実施した「大学生基礎力レポート」とGPAのデータに基づいて，学習意識・行動と学習成果の関連を検討してきた．その結果についてリサーチ・クエスチョンに沿ってまとめると，次のようになる．

　第一に，「多様な資質・能力に関わる学習意識や行動は，学習成果を高めるか」という問いについては，部分的に正しいという結果であった．アウトカムを「自己成長感」に設定したときは，前の学年での「協調的問題解決力」と「進路に対する意識・行動」はいずれも効果をもつ．しかし，「GPA」をアウトカムにすると，それらの効果は表れない．

　第二に，「学習意識や行動と学習成果との関係は，入試区分によって異なるか」という問いについては，アウトカムを「自己成長感」に設定したときに違いが見られた．次の学年での「自己成長感」につながる意識・行動は，一般入試生では「進路に対する意識・行動」であり，アサーティブ入試生では「協調的問題解決力」であった．ただし，入試区分ごとに見ても，それらは「GPA」に効果をもたない．

(2) インプリケーション

　このような結果からは，どのようなインプリケーションが得られるだろうか．最初に，「協調的問題解決力」や「進路に対する意識・行動」を高めるような大学での活動は，その後の「自己成長感」を高めるという点で大きな意味があるということを指摘しておきたい．課題の遂行にあたって他者と協働しながら計画を実行する経験や，自他を理解して進路の実現のための行動をする経験を積むことは，自らが成長しているという実感につながる．大学教育は，専門的な知識・技能を獲得しながら，それを現実社会に適用して課題解決を試み，自らのキャリアを築いていく場である．そうした経験によって自己成長感を高めることは，在学中や卒業後の活動を支える自信の源になると考えられる．常識的な結果かもしれないが，教育の職業的意義（本田，2009）の点か

らも，将来につながる多面的な活動ができることは，大学教育の重要な価値と言える．

　とはいえ，それらの経験は短期で「GPA」を高めるほどの効果はない．その年度の GPA は，前年度の GPA との相関が極めて高く，他の要因との独立性が高い．実は，学習時間のような具体的な学習行動との相関もほとんどなく，学習時間が増えれば翌年の成績が高まるといった効果も明確ではない．GPA は，それまでの長い経験で形成されてきた資質・能力に依拠するところが大きく，容易に変わるものではないということだろう．今回見たような「協調的問題解決力」や「進路に対する意識・行動」はもちろんマイナスではないが，GPA に反映されるのはもっと長期の蓄積が必要なのだと考えられる．

　次に，入試区分による結果の違いについて考察したい．今回の分析で興味深いのは，一般入試生とアサーティブ入試生で，「自己成長感」に与える意識・行動の効果が異なっている点である．一般入試生は「進路に対する意識・行動」が「自己成長感」に効果をもつのに対して，アサーティブ入試生は「協調的問題解決力」が翌年の「自己成長感」につながっていた．このことは，何を意味するのだろうか．ここからは解釈になるが，アサーティブ入試生は他の章の検討からも明らかなように，将来の進路に対する意識が強く，大学での学びの意味を深く考える傾向が強い．有意差は認められないものの，その傾向は表5-3 からもうかがえる．そのため，仲間とともに問題解決を図る具体的な行動が，より大きな成長実感をもたらすのではないかと推測される．これに対して，一般入試生は，大学入学までに学びと進路を結び付ける体験，大学における学びの意味を考える経験をあまりしていない．そのため，大学に入学してから経験する自分の学びをキャリアと関連づける活動の有無により，成長実感が左右されるのではないかと考える．このように，それまでの経験の違いによって，入学後の成長のキーとなるドライバー（原動力）が異なる可能性がある．教学において，そうしたドライバーを，学生一人ひとりに対して見出していく活動が重要となる．

(3) アサーティブプログラム・アサーティブ入試の意義

　ここで，改めてアサーティブプログラム・アサーティブ入試の意義を検討し

たい．これまで述べてきたように，アサーティブ入試生は，もともと「協調的な問題解決力」や「進路に対する意識・行動」の数値が高めである．さらに，今回の分析では，特に「協調的問題解決力」が，大学での成長実感というアウトカムにつながっていることがわかった．彼らは，他者と協働しながら学習成果を高めていくようなアクティブラーニング型の学習との親和性が高く，そうした学習を活性化させたり，異なるタイプの学生に好影響を与えたりしているのではないかと推察される．この意味で，一般入試生や推薦入試生とは異なる特徴をもつ学生が選抜できていることは，教育活動全体に対してもプラスの効果をもつと考えられる．この選抜方法は，教職員の負荷が大きく，定員を拡大することが難しい面がある．文部科学省が示す多面的・総合的な評価に基づく入学者選抜の方向性に合致する取組みであるが，単に入学者選抜の1つの手法として位置づけるだけではなく，入学後に彼らの特徴を活かして，教学全体のレベルを高めていくような戦略を描くことが重要だろう．それが実現できれば，入学者選抜の新たな手法開発にとどまらず，教学改革や教育の質保証につながる大きなインパクトをもたらすものになる．

　一方で，課題もある．アサーティブ入試生は，高い水準を保つ意識ほどに学習時間が長くなく，全学平均レベルに留まる．意識が実際の学習行動に転化していない面がある．さらに，GPAや「大学生基礎力レポート」で実測された基礎学力・批判的思考力の得点も，推薦入試生と同等であるが，一般入試生よりは低い傾向があった．前述したように，そうした認知的能力は短期的に高まる類の指標ではない．しかし，今後は大学での学びに適合する優れた資質・能力を，学習時間の増加といった具体的な行動や各種テスト，GPA等に現われる認知的能力の向上につなげていく必要がある．

(4) 研究上の課題

　最後に，研究上の課題について述べておこう．

　本章では，単に入試区分ごとの学習状況の比較に留まらず，パネルデータの利点を活かして，2時点の変数間の関連を検証した．具体的には，前年の多様な資質・能力を高める意識や行動が，翌年の学習成果にどうつながっているかを検討した．これは，この分析で目指した「学習成果の可視化」であり，学生

の成長の可視化に通じる．このような個人の変化に注目する研究は，先行研究にはほとんど存在せず，時系列的な関係を推測するという意味でも一定の価値があるものと考える．

　しかし，取り扱ったのは2年次から3年次という限られた学年の変化である．1年次から2年次，3年次から4年次は，異なる結果になるかもしれない．また，入学者選抜での経験や大学での学習経験が，卒業後の活動にどうつながるかも検証できていない．今回はデータの制約から特定の学年のみを取り上げたが，本来であればもう少し長いレンジでの成長を捉える研究が必要である．

　さらに，指標の限界もある．もともと量的な調査では，教育活動に内包される多様性や資質・能力の多面性をすべて測定することは不可能である．松下（2017）は，学習成果の可視化の際に量的評価のウェイトが重くなっていることに関して，数値化が可能な指標が過度に重視されることにより，教育の多様性が損なわれる懸念があることを指摘している．今回の分析でも限られた変数しか扱えていないが，その限界を認識し，第6章で論じられているような質的な調査と併せて学習成果の議論がなされるべきであろう．

　　注　記

1)　大学設置基準などの法令や行政文書では「学修」が用いられるが，本稿では個別の学習活動の成果も含めて検討することから，表記を「学習」で統一した．

2)　1年次のサンプルは数が多いが，新入生版であるため一部の調査項目が異なること，4年次のサンプルは数が少ないため入試区分ごとの分析が難しいことから，2年次と3年次のデータを扱うこととした．

3)　3年次のデータで27項目について因子分析（最尤法，プロマックス回転）を行ったところ5つの因子が抽出されたが，相関はいずれの因子間でも $r=0.51 \sim 0.68$ と高い値を示した．また，信頼性係数（Cronbach のアルファ）も 0.937 であったことから，ここではすべての項目を用いて得点化した．

4)　前記 3) と同様に3年次のデータで20項目について因子分析（最尤法，プロマックス回転）を行ったところ3つの因子が抽出されたが，相関はいずれの因子間でも $r=0.63 \sim 0.69$ と高い値を示した．また，信頼性係数（Cronbach のアルファ）も 0.919 であったことから，すべての項目で得点化することとした．

5) ここでも同様に，3年次のデータで20項目について因子分析（最尤法，プロマックス回転）を行ったところ3つの因子が抽出されたが，相関はいずれの因子間でも $r=0.68 \sim 0.72$ と高く，信頼性係数（Cronbach のアルファ）も 0.917 であったことから，すべての項目で得点化した．

6) 自己回帰項の統制だけでは個人内関係をとらえるのに十分ではないという批判（Finkel, 1995）もあるが，使用できる変数が2時点ということもあり，ここでは単純な CLPM を用いた．

参 考 文 献

Finkel, S. E.（1995）*Causal analysis with panel data*, Thousand Oaks, CA: Sage Publications.

本田由紀（2009）『教育の職業的意義—若者，学校，社会をつなぐ』，筑摩書房．

磯野誠・飛永佳代（2012）「大学教育成果としての学生自己成長感」『九州共立大学研究紀要』2（2），25-38.

木村治生（2018）「アサーティブ生の1年間の成長—「大学生基礎力レポート」に基づく検証」追手門学院大学アサーティブ研究センター・ベネッセ教育総合研究所『「学びと成長の可視化」からその先へ—アサーティブプログラム・アサーティブ入試の実証的研究で見えてきたこと』，24-29.

木村治生（2020）「特色ある AO 入試の成果と課題に関する検討—追手門学院大学アサーティブプログラム・アサーティブ入試を事例に」『アサーティブ学習高大接続研究』3，2-14.

高地秀明・永田純一（2012）「AO 入試に関する一考察—広島大学 A 学部 B コースの AO 入試から見えてきたこと」『大学入試研究ジャーナル』22，265-270.

松下佳代（2017）「学習成果とその可視化」『高等教育研究』20，93-112.

中室牧子・藤原夏希・井口俊太郎（2014）「『AO 入試』の再評価：慶應義塾大学湘南藤沢キャンパス（SFC）を事例に」『Keio SFC journal』14（1），178-197.

西郡大（2011）「個別大学の追跡調査に関するレビュー研究」『大学入試研究ジャーナル』21，31-38.

岡田佐織（2018）「評価と育成を両立させる学びと成長の可視化—本研究の目的・方法・射程」追手門学院大学アサーティブ研究センター・ベネッセ教育総合研究所『「学びと成長の可視化」からその先へ—アサーティブプログラム・アサーティブ入試の実証的研究で見えてきたこと』，10-13.

内村浩・山本以和子（2013）「『学びの接続』の視点から AO 入試のデザインを考える—京都工芸繊維大学のダビンチ入試の場合」『大学入試研究ジャーナル』23，1-5.

第 6 章

学生の成長支援のあり方と条件の探索

―「自走できる」学生の特性に関する質的比較分析 ―

佐藤 昭宏

1 はじめに

― 学修成果の可視化と教育改善の距離をどう埋めるか

　学修成果の可視化は，社会に対する説明責任を果たし，既存の教育活動の課題と改善策を検討していくうえで重要だ．しかしながら，教育現場では，教育の質保証の実質化がテーマに取り上げられるほど，学修成果の可視化が目的化している．大学の経営層のための情報収集の道具的位置づけに留まっているのではないか，具体的な教育内容の改善や学生支援に十分活かされていないのではないかという指摘もある．こうした状況を受けて，近年は学修成果だけでなく，学習のプロセスにまで踏み込み，どのような授業や学生の体験が学修成果に影響を与えているか，その構造を明らかにし，より実効性のある形で大学の教育改善に役立てていこうとする動きがある（たとえば，小林 2016，大多和 2016）．追手門学院大学アサーティブ研究センターとベネッセ教育総合研究所が実施した共同研究は，こうした研究動向を踏まえながら，育成の側面を兼ね備えたより実効性のある「成長の可視化」を実現すべく，いくつかの試験的取組みを行ってきた．

　その1つが，本章で紹介するインタビューである．具体的には，入学時から蓄積してきたアセスメント結果（「大学生基礎力レポート」Ⅰ・Ⅱ，株式会社ベネッセi-キャリアが提供）や学内成績，履修状況等の記録群を組み合わせ，学生の成長の姿を可視化するとともに，その結果を起点に，(i)大学が今後改善

すべき教育内容を洗い出すこと，(ii)大学生活や自身の状況に不満や悩みをもつ学生に対する個別支援の必要性やその在り方を検討すること，(iii)「自走できる（個別支援の必要がない）」学生と，「自走できない（個別支援の必要がある）」学生を比較し，その違いを明らかにすることを目的とした半構造化インタビューを実施した（2017年7月実施）．本章では，その分析結果から，学生のさらなる成長支援のために大学が行うべき今後の改善点と，量的・質的調査を組み合わせた一連の研究プロセスを教育実践に応用する可能性について論じる．

2 使用データと分析の方向性

インタビューは，1年生時に実施した2回のアセスメント（入学時と1年生の年度末）結果から，特に「現在の状況について不満や悩みを抱えている」と判断された大学2年生10名を対象に実施した（約80分の個別インタビューを2名の調査者で担当．その他に1〜2名の評価者がゲストとして参加した）．よって，本章で紹介する学生の声は追手門学院大学の学生全体を代表したものではなく，よりネガティブな側面を捉えた声である可能性が高い．しかし，それらの声を丁寧にくみ取ることが，既存の教育や学生支援の改善点の発見につながると考え，積極的に学生の成長支援の在り方を模索してきた追手門学院大学の姿勢は，大いに参考にすべきだろう．

インタビュー調査では，先行研究を参考に，追手門学院大学が目指す成長の姿を可視化するために必要な3つの力（自己省察力，探索力，計画力）を事前に定義し[1]，以下の4点について尋ねながら3つの力に関わる情報を収集した．

① 1年生時のアセスメント結果で確認された課題の詳細（実際に存在したのか，存在した場合，どのような深刻さを伴うものだったか）

② 課題の支援状況（課題はすでに解決済みか，未解決のままか）

③ 課題解決・支援済みの場合，どのような契機が存在したか

④ これまでの学生生活に対する自己評価（学生自身はこれまでの学生生活をどう評価しているか）

以降の節では，まず①〜③に関する学生の語りから明らかになった2年生時点の学生の課題克服の状況を整理する（第3節）．そのうえで，④に関する学

生の語りを取り上げながら，大学として「自走できる（個別支援の必要がない）」学生と「自走できない（個別支援の必要がある）」学生をどのように区分し，「自走できない」学生に対してどのように次の一手を検討したか，その過程の一端を紹介する（第4節）．そして，インタビューで得られたデータを活用し，「自走できる（個別支援の必要がない）」と評価された学生と「自走できない（個別支援の必要がある）」と評価された学生に関する質的比較分析（QCA：Qualitative Comparative Analysis）を行い，学生が備えている特性の違いを明らかにする（第5節）．

3　大学に対する否定的感情と克服の契機

インタビューにあたっては，事前に対象者ごとにアセスメントで確認された課題を整理しておき，インタビューでは各課題を具体的に掘り下げる形式で進めた．主な質問は以下の3点である．

①1年生時のアセスメント結果で確認された課題の詳細（実際に存在したのか，存在した場合，どのような深刻さを伴うものだったか）

②課題の克服状況（課題はすでに解決済みか，未解決のままか）

③課題解決・克服済みの場合，どのような契機が存在したか

表6-1は，上記に関する内容をインタビューの対象者別にまとめたものである．情報整理の結果，アセスメント結果で確認されていた「大学に対する低い満足度」「退学，再受験の検討」の背後には，大きく3つの問題が存在していたことが明らかになった．

1つ目は，「入学前の誤ったイメージ形成による大学教育に対する否定的感情の生起，および意欲の低下」という問題である．事例1にある地域創造学科や心理学科においては，「1年生から本格的なフィールドワークや実験等の実践的な授業を経験することができる」というイメージをもって入学していたために，実際の授業がイメージと異なることに戸惑いを感じている学生が，インタビュー対象者を含め，少なからず存在していることが明らかになった．

表6-1　1年生時に学生が抱えていた課題と2年生7月時点の状況

調査ID	入学区分（学科）	アセスメントで確認された課題	明らかになった課題の詳細	課題克服の契機	現時点の課題の克服状況
20	アサーティブ（社会）	●大学に対する満足度が低い ●特にカリキュラムに対する満足度が低い	●学ぶ目的の不足（親の転勤・勧めで進学．自分がしたいことが不足）	オープンキャンパススタッフの活動で知り合った先輩や同世代の友人．将来の進路や学習面で刺激に．	課題は解消されている状態．
2	内部推薦（経済）	●退学，再受験を検討 ●大学に対する満足度が低い ●学びたいことがない	●学ぶ目的の不足（内部進学で早期に決定．学部選択も親の勧め．結果，本当にやりたいことが何かに迷い）	父親．大学生になっていろいろ意見を交わすようになり，家業を継ぐという意識が向上．大学生活に目的ができる．	課題は解消されたが，他者から目的を与えられる形での克服になっており，本人の中に課題を克服したという手応えは残っていない状態．
11	指定校（経営）	●退学，再受験を検討 ●大学に対する満足度の項目が，すべて「わからない」．	●大学の人間関係が希薄 ●本当は専門学校で車の整備を学びたい	いまだ課題克服に向けた「きっかけ」を掴み切れていない．母親と指導教員Aの助言を信頼している．	現在も課題は解消されていない状態．
26	指定校（地域創造）	●退学，再受験を検討 ●大学に対する満足度が低い ●やりたいことがない	●入学前後の学びに対するイメージのズレ（地域創造学部なのに1年時から実習がない） ●大学の人間関係が希薄	ゼミ．本来望んでいた大学生らしい研究ができる仲間との出会い．人間関係が広がり，その中で成長を実感している．	課題は解消されている状態．

調査ID	入学区分（学科）	アセスメントで確認された課題	明らかになった課題の詳細	課題克服の契機	現時点の課題の克服状況
16	アサーティブ（心理）	●授業レベルが高すぎる ●授業についていけるか不安	●大学の学びへの不適応（レポートの書き方，文書作成の方法がわからず戸惑い）	自らの主体的な働きかけ．サークルや授業を契機に人間関係を広げ，授業に関する情報を取集，克服している．	課題は解消されている状態．
25	アサーティブ（地域創造）	●大学に対する満足度が低い ●特にカリキュラムに対する満足度が低い	●入学前後の学びに対するイメージのズレ（地域創造学部なのに1年時から実習がない） ●大学の学びへの不適応（履修登録等）	部活動への没頭．高校時代と異なり，自分たちで組織を運営，練習内容を検討する環境にやりがいを実感．	現状は部活中心の生活で，大学で学ぶ目的はいまだ定まっていない状況．ただ，その状態を自覚，改善意識はある．
18	アサーティブ（心理）	●退学，再受験を検討 ●特に人間関係に対する満足度が低い	●生活習慣の乱れ（諸事情からバイトをやりすぎ，精神的に疲弊）	心理学を学んでいる知り合いへの相談．自分が無意識のうちに抑え込んでいた感情を解放してくれた．	課題は解消されている状態．
23	アサーティブ（国際教養）	●授業についていけるか不安	●大学の人間関係が希薄 ●大学の学びへの不適応（高校に比べ，大学は指導してくれないという不満）	授業をきっかけとした友人関係の広がりや学生個々に対して名前で呼びかけるなど，学生との関係を大事にしてくれる教員との出会い．	課題は解消されている状態．

調査ID	入学区分（学科）	アセスメントで確認された課題	明らかになった課題の詳細	課題克服の契機	現時点の課題の克服状況
14	公募（マーケティング）	●退学，再受験を検討 ●大学に対する満足度が低い ●単位は取れているが大学に魅力を感じていない	●大学の人間関係が希薄 ●大学に対する興味関心の低さ（実践的な授業には興味あるが，理論的な授業に関心なし）	課題克服のきっかけはない．合わないものは「仕方がない」という本人の中での割り切り．	課題の根本は解決されていないが，割り切ることで本人の中では概ね悩みは解消されている状態．
17	公募（心理）	●退学，再受験を検討 ●大学に対する満足度が低い ●成長感「まったく実感しない」	●入学前後の学びに対するイメージのズレ（心理学を学びたくて入学したのに1年時は教養が多くて心理学の授業が少ない）	2年生になり履修できる授業が変わったこと．心理学でどのようなことが学べるかが徐々に見えてきた．	課題は解消されている状態．

〈事例1：入学前の学びに対する期待と現実のギャップに対する戸惑い〉

ID26（地域創造学科）

——大学に入学する前と後で学びのイメージで変わったことある？

「もっといろいろなところに足を運ぶのかと思ってたんですけど，あまりなかったことですかね．最初にあった実習以外は意外と大学から出ることもなくって．思っていたより座学が中心で，もっと外で活動する学部と思っていたので，なんか拍子抜けしたなー，みたいな感じはありました」

——何でそういうイメージをもっていたの？

「パンフレットでは，結構いろいろなところに行くと書いてあったんで．写真とかも外での実習のものが多かったし」

ID27（心理学科）

——実際に入学してみてイメージと違ったことはありますか？

「1年生のときは心理学の授業が少なくてイメージと違くて，辞めたいなと思ってました．でも2年生になって，認知心理とかの授業も増えてきて．面白いなーと思えるようになったことですかね」

——辞めるのを思い留まった理由は？

「母と相談して，『今辞めるのは違うんじゃないの？』という話になって．『ゼミに入って楽しさが見出せるかもしれないからとりあえず進級してみたら』と言われて，それで思い留まった感じです．実際，進級してみたら楽しくなってきて．犯罪心理の授業とかは面白いけれど，脳科学の授業とかは全然わからない．ただ，2年生になっていろいろな授業を取るようになって，ようやく心理学でこういうことが学べるんだということがわかってきたところです」

　こうした学生の声を踏まえた改善策の1つには，入学前段階から何を学ぶかだけでなく，どのようなステップで学びを深めていくのか，学びの見通しをもてるように，より一層丁寧に説明を行っていくことが挙げられる．あるいは，1年生からフィールドワークや実験を経験できるよう，導入的な位置づけの科目を設置するなども1つの方策かもしれない．インタビューでは，複数の学生が課題克服の契機として授業やゼミを挙げており，学部の専門に近い学びを経験することで不満や課題を上書きしていった様子が語られていた．教授する側だけでなく，受講する側の声もくみ取りながら入学希望者への説明会やカリキュラムを再編していくことで，入学前後のイメージギャップをいくらかでも抑制できるのではないか．

　2つ目は，「大学での『つながり』づくりの機会不足」という問題である．近年，入学直後に学生同士のつながりづくりを目的としたイベントを大学側が主催することは珍しくない．周囲の学生と積極的に関わることが得意ではない学生にとって，こうした機会は大学での居場所づくりの重要な1つの契機になっている．今回のインタビューで明らかになったのは，そうした入学初期のつながりづくりがうまくいかなかった学生の，受動的な人との関わりや授業参加姿勢である．

〈事例2：大学での人間関係，居場所のなさに関する語り〉

ID14（マーケティング学科）

——今，授業以外でしていることは何かある？

「してないです．何もしてない．すぐ家に帰る」

——サークルに入ろうとは思わなかった？

「スポーツ系サークルの体験に一回参加したんですよ．でも，合わなかったんで」

——何が合わなかった？

「（サークルの）人間．合わんやろなーって．空気が苦手で．何か違うと思ったんで」

　　（中略）

——授業とかでは自分はどんなタイプ？

「リーダーがいればその人がやればいいし，いなかったら自分がやるし（っていうタイプ）．周りにリーダーっぽい人が多かったので，私はいいかなーみたいな」

——人の下でやるより，人を引っ張っていくタイプに見えたけど？

「それもありますね．ただ，合わない人がいると，すぐこうやって（手を上から下に降ろし，遮断して）しまう」

——自分の考えを貫くというのは，しんどいことでもある．でも，貫いている人の方が光っている．敵も多くなるかもしれないけど．

「敵，多い！　そうなんですよ！」

——たぶんそう思うよ…（笑）．何となく敵，多そうだなーと．

　ID14の学生は，2年生時点でも学内における人間関係が希薄で，家と大学を往復するだけの生活であった．ただ，その状態が必ずしも問題であるというわけではない．調査者間で問題視されたのは，つながりのなさを理由に，他者との関わりを自ら遮断してしまうような自己防御的な傾向が見られ，その影響が，授業等への関わりにも及んでいる点である．ID26やID23の学生のように授業をきっかけに人間関係を広げる機会を掴めればよいが，ID14の学生のように，これまでの経験から大学と距離を置こうとする学生に対しては，大学

と直接関係のない第三者的な大人との関わりが，自己開示や大学との向き合い方を変える転機につながる可能性がある．今後の改善点としては，ナナメの関係で学生に関わることのできる「優れた聞き手」としての大人とつながる機会の充実や，入学初期だけでなく，入学後も継続して緩やかに人とつながれる場の確保などが考えられる．この点で，アサーティブプログラムの実施を通じて学生との対話を重ねてきた追手門学院大学教職員の「優れた聞き手」としての経験は，入試のみならず，入学後の学生と大学の接点づくりにおいても有用な資産となるのではないか．

　もっとも，アサーティブプログラムに関わる教職員だけですべての学生に対応することは不可能である．そこで，今回のように入学時や在学中のアセスメント結果や，インタビューの情報を総合的に活用しながら，大学として継続的に接点をもつ必要のある学生をある程度絞り込むことを提案したい．教職員の業務負荷を考慮した運用体制の整備や仕組みの構築は，継続的に学生の成長を支援し，可視化した学修成果を具体的な教育改善につなげていくうえで最も重要な観点の1つであるからである．

　問題の3つ目は，「大学の学び方への適応に伴う心理的負担」である．学生Eのように高校までの授業や評価のスタイルに慣れていた学生にとって，教師や科目ごとに内容や授業方法，評価が大きく異なる学びへの適応は，大学側が想定している以上に，初年次の学生の大きな心理的負担になっている可能性がある．

〈事例3：大学の学びに適応するための心理的負担に関する語り〉
ID16（心理学科）
——大学に入ってから大変だった，つらかった，難しかった授業はある？
　「認知脳科学の授業．何とか神経，何とか脳細胞という話が難しくって．途中で『ああー，今のどういう話？』となる．聞くことだけに集中すると，メモが追いつかなくなり，逆にメモすることだけに集中すると，今度は話が聞こえなくなって．自分は人と話をしながら納得して進めていくタイプなんで，この授業はあまり向いていないかなー，と思った」
——メモするのが苦手なのかな？

「スピードが追いつかないので．今は，メモ取りを友だちに任せて自分はずっと聞くことに集中するようにしていて．（中略）履修科目を選ぶときには，『この先生は話し方ゆっくり』とか『早口だからお前には無理だよ』とか，先に受講した人とかに授業の進め方を聞くようにしてます」

——大学の課題とかはどうだった？

「高校の課題はだいたい土日ですぐ終わるものだったんですけど．大学では実験のレポートがあって，内容も難しくて，なかなか書けずに戸惑いましたね．なので空いている時間は，毎回パソコンに向かって毎日やってました．授業の空き時間とかも PC ルームに入ったりして（レポートを書いた）」

——それだけ課題があると苦痛だった？

「1 年生の時は，レポートをどう書けばよいのかがわからなくって．さらに日本語での文章のつくり方もわかってなくって，苦痛でした．でも 2 年生になって，やっとやり方がわかるようになってきて．今ではだいぶ書けるようになりました．（どうして書けるようになったの？）授業の中でレポートの書き方のレクチャーがあって，それをメモったりして家でやってました」

　ID16 の学生は，1 年生での経験をふまえ，2 年生では履修科目を選択する際の軸として授業スタイルも重視していた．追手門学院大学は，レポート作成に課題を抱える学生を支援するためにライティングセンターの設置に着手するなど，教育環境のより一層の充実に向けた取組みを行っている．しかし実際に悩みや困難を抱える学生にそうした支援体制が十分認知されていないことが明らかになった．

　ライティングセンター以外にも，学修支援に関わる情報は入学時にまとめて提供されてきた．しかし，同時期には他にもさまざまな情報が提供されるため，届けたはずの情報が忘れ去られている可能性が高い．よって今後の改善策としては，支援内容だけでなく，必要な学生に適切なタイミングで届けるという情報共有の在り方を再検討することなどが考えられる．

　以上が，アセスメント結果とインタビューから見えてきた既存教育に対して大学が今後取り組むべき改善点の一端である．

　今回のインタビューでは，興味深い発見もあった．それは，多くの学生が程

度の差こそあれ，抱えていた悩みや不安を自分なりの方法で解消していた点である．中には，単なる問題のやり過ごしや本質的な解決からの逃避と捉えられる内容も散見されたが，学生の学習や生活の状況を把握して，課題の解消を支えることと同等かそれ以上に，学生自身が直面した課題をどのように乗り越えていくか，その過程を見守り，その経験を価値づけたり，学生自身がその経験を再解釈したりする機会を設けることが学生の成長支援においてより重要かもしれない．手をかけるだけでなく，あえて手をかけないためにも，アセスメント結果や学業成績から一歩踏み込んだ「成長の可視化」が求められるのではないか．

4 成長に向けた次の一手の検討
― 評価や解釈の違いの積極的活用

　次に，「学生生活に対する満足度とその根拠」を学生に尋ね，その語りを受け取った上で学生がどのように出来事や経験を解釈する傾向にあるのか，調査者である他者から見た評価や解釈を共有し，そこから成長支援に向けた次の一手の検討を試みた．表6-2は，各学生についてこれまでの学生生活に対する自己評価とインタビュー全体を通じて感じた調査者の評価，成長支援に向けた次の一手のポイントをまとめたものである．たとえば，ID20の学生（社会学科）は，これまでの学生生活に対する満足度を80点と自己評価しており，不足する20点を埋めるために必要なものを尋ねたところ「進路の具体性と学力（向上）」を挙げている．その一方で進路決定において「理想ばかり追わずに妥協すること」の重要性を述べている．これらの発言に対して，アセスメント結果や本質問までの発言内容をふまえながら，「学力コンプレックスから自己評価を低く見積もり，安易に妥協しやすい」ようにも捉えられる点を指摘，次の一手として「少し負荷がかかるとしても挑戦する環境を提供し，挑戦を通じて自らに対する自信を獲得していくような支援の必要性」を申し送り内容として記載した．

　このように他の学生についても，アセスメント結果を起点にインタビューを行い，学生がこれまでの生活をどのように捉え，今後どのように改善していき

たいと考えているのかを丁寧に引き出しながら，学生と共に個別支援の必要性
や課題の解決の方向性を検討していった．

〈事例 4：学生生活の満足度に関する語り〉

ID20（社会学科）

——学生生活全体の満足度を 100 点満点で表すと何点くらい？

　「80 点ですかね．結構充実しているかなーと思うので」

——残りの 20 点は何が足りない？

　「進路の具体性とかですかね．あと学力がもっとあればと思う．ただ進路に
　ついては妥協も大事かなと．自分の考え方次第なんで，理想を追い求めすぎ
　ないようにとも思いますけど」

——アセスメントでは希望する進路を公務員と答えていたけど？

　「試験が難しいので今は現実的ではないですかね」

——公務員の他に希望している職業はないの？

表 6-2　学生と調査者の評価から判断した個別支援の必要性と次の一手

調査ID	入学区分（学科）	現在までの学生生活に対する自己評価と課題	調査者の評価	個別支援の必要性／今後の成長支援に向けた次の一手
20	アサーティブ（社会）	80 点．結構充実している．残り 20 点は進路の具体性と学力．妥協も大事．自分の考え方次第．理想を求めすぎない．	「自分は勉強できない」という意識がチャレンジを抑制．頑張ろうとする意欲はある．挑戦を後押しする機会や存在が必要か．	経過観察／チャレンジ機会の提供とチャレンジを認め評価してくれる第三者の存在．
2	内部推薦（経済）	65 点．やりたいことはいっぱいあるができていない．ただそれなりに楽しめている．残り 35 点は，授業を真面目に受ける行動力．	将来展望は具体的にあるが，そこに向けて自ら必要なことを考え行動する姿勢が不足．現状のままでは卒業単位も足りない．	必要／卒業までの履修計画や生活習慣の見直しについて個別対応が必要か．

調査ID	入学区分（学科）	現在までの学生生活に対する自己評価と課題	調査者の評価	個別支援の必要性／今後の成長支援に向けた次の一手
11	指定校（経営）	20点．100点はフル単位でいって，4年生は就活のみという状態．自分は4年生まで単位取得が必要，大学にも馴染めていない．	卒業したい気持ちはあるが学ぶ内容に対する興味は高くない．退学で「逃げた」と思われたくないという想いが通学の支えに．	必要／唯一信頼している指導教員A先生との連携による支えが必要．要個別対応．
26	指定校（地域創造）	40点．大学をもっとうまく利用できるはず．だが，やりたいことをどこにぶつけたらいいかわからない．行動に移せていない．	自分をしっかりもっている．遊びに行った先でも大学で学んだ街づくりの視点を応用しようという姿勢が見られる．	必要なし／チャレンジ機会の打診．ゼミ教員やアサーティブ課への企画提案など．
16	アサーティブ（心理）	70点．残り30点は卒業までの見通しのなさ．興味ばかりで単位を取ってきた．必要単位数やこれを学んだ，と言えるものをつくりたい．	なぜ心理学を学びたいかを自分の言葉で語れる．また自身の問題・関心を軸に履修計画ができ，今後の学びに対する意識も高い．	必要なし
25	アサーティブ（地域創造）	60点．残り40点は，フル単位．それが目標．シンプルに勉強不足．とりあえず出席率を上げたい．とにかく黒板の内容をノートにとる．	部活動を中心とした生活に充実感を感じているが，その現状に満足せず，学習面でも充実感を得られるように頑張ろうという意識はある．	経過観察／一定期間後に具体的にどのような試行錯誤をしてみたかを確認する声かけ．
18	アサーティブ（心理）	35点．大学に入り視野が広がったが行動に移せていない．ただ行動に向けた準備はしている．資格取得や島ボランティアをしたい．	自立欲求が強い．やりたいことが複数あり，そのためバイトにも精を出しているが，自身を追い込みすぎる傾向がある．	必要なし／大学を利用し，自分のやりたいことを実現する方法に関する情報提供など．

調査ID	入学区分（学科）	現在までの学生生活に対する自己評価と課題	調査者の評価	個別支援の必要性／今後の成長支援に向けた次の一手
23	アサーティブ（国際教養）	60点。やっているつもりだが、周囲の学生と比べるとできていない。資格をとったりしたい。みんなに追いつけるくらい勉強したい。	他者と比較し、自らを低く評価する傾向が強い。いろいろ悩みを抱えながらも、教職に進もうという将来展望をもっている。	必要なし
14	公募（マーケティング）	50点。真面目にはやっているが、まだ何も踏み出せていない。	主体的に物事を考える力があり、頭の回転も速い。一方で、学習習慣不足や周囲と協力して学ぶことに対する苦手意識が強い。	必要なし／グループ学習などの責任者に起用し、運営側で協力する機会の提供。
17	公募（心理）	60点。1年生のときが低かった。残り40点は、資格取得など。毎週土曜日に通ってとった秘書検定はすごく大きな自信になった。	心理を学んで将来何をしたいかという意識が薄い。	必要なし／他学年や他学部の学生と自身の将来について考える機会の提供。

「周りは不動産とかもいいかなと言っているけど…宅建とかも難しそうですし」
――いつまでに（進路を）決めたいとかはあるの？
「3年生になるまでには，ちゃんと決めてインターンとかには行っておきたいですね．ただ，最終的には成り行きでもいいと思っているんで，そんなこと言っていられないので」

　以上のような，学生と調査者の相互作用としての語りや評価のギャップの共有にはどのような教育的意義を見い出せるだろうか．その1つに学生生活の振り返りを通じた自分自身の〈現在〉に対する納得度の向上があるのではないか．各学生の自己評価と課題の明確化度に違いはあるが，現時点の自分のあり

方を過去を含めて再認識することが，これからの自己のあり方を肯定的に展望，再構成していく上で必要なのではないか．

5 「自走できる」学生と「自走できない」学生の違い
― 質的比較分析による学生の成長状態を支える条件の探索

　最後に，これまで紹介してきたアセスメント結果やインタビューから得られた情報を整理し，「自走できる（個別支援が必要ない）」と評価された学生と，「自走できない（個別支援が必要）」と評価された学生の違いの探索を目的とした比較分析を行う．

　すべてのインタビューが終了した段階で，各調査者がそれぞれの学生に対する総合的な評価（個別支援が必要な学生と，必要のなさそうな学生の認識）を記載した「面談カルテ」[2]を持ち寄り，内容を比較したところ，その評価はほぼ一致していた．今回のインタビューでは，事前にどの調査者でもある程度共通した「成長状態の見取り」が可能になるように評価観点の目線合せを行っていた．その結果が一致していたということは「自走できる」学生と「自走できない」学生を評価する際に，調査者が何らかの共通した特性を捉えていた可能性がある．そこで，各評価の背後にどのような共通の特性（「自走できる」と調査者が評価した条件）が存在していたのか，その探索を試みた．分析手法には，Ragin, C. C.（1987；邦訳は1993）により提唱されたQCA[3]を使用した．

　どのような学生が学生生活に適応しやすく，どのような学生が退学しやすいかは，学生の個性や置かれている環境の影響が大きく，統計的な分析は困難であるとされてきた．しかしQCAには，ブール代数[4]と集合論[5]を基に上述した分析上の課題を考慮しながら，かつ観察対象（データ数）が少ない場合でも因果推論を行うことができる[6]という特徴がある．今回の共同研究では，「自走できる」（≒成長状態にある）学生を，3つの力（自己省察力，探索力，計画力）が発揮されている状態にあると定義し，調査・研究を進めてきた．それを論理式に示すと，以下のようになる（「∧」は論理積を表しており，A∧Bは「AかつB」を示している）[7]．

表6-3　分析に使用した変数のコーディング一覧

使用変数		変数の定義と処置
「成長の姿」の可視化に必要な「3つの力」	省察 （自己省察力）	面談の結果，「自分の行動を振り返り，価値づけたり，意味づけたりする習慣がある」「自分のことを理解・探索しようとしている」「自分のことを肯定的に捉えている（過去やこれからの成長・変化について）」の3項目について，評価者が1つの項目だけ「できている」にチェックした場合＝0.33，2つの項目に「できている」をチェックした場合＝0.67，3項目すべて「できている」にチェックした場合を＝1とした．
	探索 （探索力）	面談の結果，「自分の学びや興味関心の範囲を広げようと探索している」「大学で何を学ぶか，取り組むかを考え探索している」「将来どのように生きていくかを考え模索している」の3項目について，評価者が1つの項目だけ「できている」にチェックをした場合＝0.33，2つの項目に「できている」をチェックした場合＝0.67，3項目すべて「できている」にチェックした場合を＝1とした．
	計画 （計画力）	面談の結果，「目標に目標実現に向けた計画がある」「将来どのように生きていきたいか自分なりの考えや見通しがある」「変化に対して柔軟に対応したり変化できるマンイドをもっている」の3項目について，評価者が1つの項目だけ「できている」にチェックした場合＝0.33，2つの項目に「できている」をチェックした場合＝0.67，3項目すべて「できている」にチェックした場合を＝1とした．
「学生生活に対する不安」		学生の面談の結果を踏まえ，個人帳票に記載されている学生生活の不安【(1) 友人ができるか不安，(2) 授業についていけるか不安，(3) 経済的な不安がある】に関する3項目の回答（学生自身が回答した結果）は，「非常に不安」と「やや不安」の間に大きな差が存在していると考え，(1) 友人ができるか不安，(2) 授業についていけるか不安，(3) 経済的な不安があるの3項目のうち，1つでも「非常に不安」が存在していた場合に「1」を，それ以外の場合（例えば3項目とも「やや不安」の場合）は「0」とした．
「評価」 （個別支援の必要性判断／解決または要経過観察）		表6-2の「次の一手」にまとめた面談結果とその根拠を基に，課題を抱えつつも自分なりに課題を受け止め，必要に応じて他者の力を借りながら自分で解決していくことのできそうな学生を1（表6-2では「必要なし」＋助言未記入），助言レベルの支援である程度課題を乗り越えていけそうな学生を0.67（表6-2では「必要なし」＋助言記入），定期的に個別支援が必要そうな学生を0.33（表6-2では「経過観察」），すぐに個別支援が必要そうな学生を0（表6-2では「必要」）とした．上記は個人カルテの申し送りと筆者自身の評価から総合的に判断をした．

表 6-4　アセスメントとインタビューから明らかになった
学生の成長状態に関するデータ行列

調査 ID	省察	探索	計画	学生生活不安	【インタビュー後の評価】「自走できる（≒成長状態にある）」= 1,「ある程度自走できる」= 0.67,「必要に応じて，個別支援が必要」= 0.33,「個別支援が必要」= 0
20	0	0.33	1	0	0.67
2	0	1	0	0	0
11	0.33	0.33	0.67	1	0
26	1	0.67	1	1	0.67
16	1	1	1	1	1
25	1	1	0.33	0	0.33
18	0.67	1	1	1	1
14	0.33	0	0	0	0.33
17	0	0	0	0	0.33

「自己省察力」∧「探索力」∧「計画力」

➡　「自走できる（成長状態にある）」

　矢印の左側は条件の組合せを，右側は結果を，矢印は条件と結果が十分条件の関係にあることを示しており，たとえば，上記の式は，「自己省察力」「探索力」「計画力」を備えているならば，その学生は必ず「自走できる」状態にあることを意味している．この論理式を活用しながら以降では，「自走できる」状態の成立条件を確認していく．表 6-3 は「面談カルテ」の情報をどのように変数化したか，値の定義を含む使用変数のコーディング一覧を，表 6-4 はアセスメントとインタビューの結果を踏まえ作成した，各学生の成長状態の条件と結果に関するデータ行列を示したものである．

　まず，「自走できる（成長状態にある）」と評価された学生が必ず備えている

条件が存在するのかを探索するために，必要条件の分析を行った．その結果，
「省察」「探索」「計画」「学生生活に対する不安のなさ」のいずれについても単
独で整合度（Consistency）0.9 を超えるような必要条件は見当たらなかっ
た[8]．よって「自走できる」と評価される学生が，必ず備えている条件は確認
されなかった．もっとも，ある結果に対して，必ず存在している条件（必要条
件）はそもそも世の中に多くはないため，妥当な結果と言える．次に，十分条
件の分析を行った．十分条件とは，ある条件を満たしていればある結果が生じ
る，というもので，他の条件の組合せで同じ結果が生じることを否定するもの
ではない．表6-5 は「自走できる（個別支援が必要でない）」学生と「自走で
きない（個別支援が必要な）」学生を区別する十分条件を検討するために作成
した真理表（Truth Table：もとのデータを原因条件の「あり」「なし」で分
類し直した表）である．

　真理表の読み方について補足説明をすると，たとえば1行目は「省察」「探
索」「計画」のすべてが存在する且つ「学生生活に対する不安がある」場合に
「自走できる」と評価されたケース（ID26，16，18 の学生）を，2行目は「計

表6-5　「自走できる（状態）」を「1」とした場合の真理表

原因条件						結果	
省察 （自己省察力）	探索 （探索力）	計画 （計画力）	学生生活不安	事例数	調査ID	「自走できる」 （≒成長状態 にある）	粗整合度
1	1	1	1	3	26,16,18	1	0.876
0	0	1	0	1	20	1	1.000
0	0	0	0	1	14	0	0.493
1	1	0	0	1	25	0	0.493
0	0	0	1	1	17	0	0.248
0	0	1	1	1	11	0	0.000
0	1	0	0	1	2	0	0.000

表 6-6　中間解の結果

	粗被覆度	固有被覆度	整合度	調査 ID
計画∧〜学生生活不安	0.231	0.155	0.752	20
省察∧探索∧計画	0.617	0.540	0.890	26，16，18

解被覆度（Solution Coverage；出力された各解が、解全体をどれくらい説明できるかの割をを示す）：0.771
解整合度（Solution Consistency；解全体の整合度、出力された解が十分条件である度合いを表す）：0.835

画」のみが存在し，かつ「学生生活に対する不安がない」場合に「自走でき
る」と評価されたケース（ID20 の学生）を示している．3 行目以降は調査者
が「自走できる」と評価したケースと「自走できない」と評価したケースの両
方が観察され，最終的に「自走できる（≒成長状態にある）」とは評価されな
かった矛盾を含む行である．このような真理表を整理する際に，成長状態に対
する評価の真偽をどう区切るかという閾値の設定が問題となる．本稿では一旦
「0.6」を閾値として設定し，粗整合度（Raw Consistency：その行がどれくら
い矛盾を含むかの度合いを表す）が 0.6 より高い場合を「自走できる（≒成長
状態にある）＝1」，0.6 よりも低い場合を「自走できない（≒成長状態にな
い）＝0」とした．条件の組合せを採択するかどうかの粗整合度の目安を 0.6
とやや低めに設定した理由は，今回のインタビューの目的が，学生の選別では
なく，面談を行う際の学生の成長状態の把握にあったからである．あくまで学
生の成長状態をどのような観点で掘り下げることがより効果的か，評価の観点
や判断の精度を高めることに主眼を置いているため，ここでは粗整合度をやや
低めに設定した．

　表 6-5 の真理表から論理式の簡単化を行った結果が，表 6-6 である．解
（Solution：分析の結果，最終的に得られる十分条件の論理式のこと）とし
て，複雑解（Complex Solution），中間解（Intermediate Solution），最簡解
（Most Parsimonious Solution）の 3 つが得られたが，ここでは内容的に最も
当てはまると思われる中間解を採用した．中間解の結果，「自走できる」とい
う評価の十分条件としては，「省察」「探索」「計画」が同時に存在するケース
と，「計画」だけが存在し「学生生活に対する不安がない」ケースの 2 つの論
理式が導き出された（表 6-6）．また，2 つの論理式とも整合度の値が高く，結

果を導く条件の組合せとして関連が強いことがうかがえる．

　続いて導き出された項が，すべての事例の中でどれくらいの説明力をもっているかを示す粗被覆度（Raw Coverage）の確認を行った．その結果をみると，前者の条件は，約 0.23，後者の条件は約 0.62 と，後者の方がより発生頻度の高い組合せであることが明らかになった．

　以上の分析結果から，追手門学院大学において，学生が成長状態にあるかを評価する際には，まず「計画」に関わる内容を重点的に掘り下げていくことが有効であると言える．ただし，計画性がある＝学生が「自走できる」というわけではない．その重複関係を明らかにしているのが，今回の中間解の結果である．「省察」「探索」「計画」のすべての条件が重なる場合（表 6-5，真理表 1 行目）に成長状態が成立するという結果は仮説どおりで，インタビュー結果とも整合している．中でも興味深いのは，「学生生活に対する不安がない」かつ「計画」という条件が重なる場合（表 6-5，真理表 2 行目）にも，成長状態が成立している可能性があることだ．この条件に該当する学生がインタビューにおいてどのような語りをしていたのか，インタビューの元データを確認したところ，学習面は計画的で学生生活面でも大きな不安は見られなかった．一点気になったのは，これまでの進路選択・決定のプロセスに保護者の意向が強く影響している点である．最終的に学生の決めた進路が親の意向に沿うものであること自体は問題ないが，その検討プロセスにおいて学生自身がどこまで試行錯誤し，自らその進路を結論づけたかというオーナーシップの部分は「自走できる」状態を評価するうえで重要であり，今後の面談の中で意識的に掘り下げてみる必要があるかもしれない．このように頻繁にケースに戻りながら対象をよりよく理解できる条件やその組み合わせを検討していけるところが，質的比較分析の利点である．もっとも，今回の判定はあくまで大学 2 年生の 7 月時点のインタビュー調査の結果にすぎず，学生生活の中で，今回評価した成長状態も移り変わっていくかもしれない．実際，インタビューでは，我々が想定していないようなきっかけで，学生の意欲が上昇したり，低下したりしていた．よって，成長状態にあると判定された該当ケース「20」（表 6-6）のような学生についても，経過観察を続けるべきだろう．

6　ま と め

　以上，アセスメント結果を起点に，学生生活に対する自己評価やインタビュー調査者による他者評価を組み合わせながら，成長支援の次の一手を検討し，具体的な教育実践につながる「成長の可視化」の在り方を探索してきた．今回，試験的にではあるが，成長支援の次の一手を具体的に検討できたポイントは，大きく2つある．1つは，アセスメントやインタビュー調査のデータ分析を行う前に大学として支援したい成長の状態を調査者間で議論，明確化，定義したうえで，複数の情報を有機的に結び付けながら，学生の成長状態を分析するという手順をとった点である．この手順を踏むことで，評価者間で成長状態の評価基準をある程度共有することができた．もう1つは，質的比較分析（QCA）による因果推論を用いることで，「自走できる」学生かどうかを判断するための評価規準の精度を継続的に高めていくことができる点である．学生の成長過程を量的・質的データを組み合わせて丁寧に掘り下げていくためには，経時的なデータが必要になるが，近年多くの大学でe-ポートフォリオ等の学修履歴の蓄積が進んでおり，その環境は整いつつある．重要なことは，蓄積されたデータを活用して学生の成長プロセスをより深く分析し，具体的な教育改善につなげていくための仕組みをどう構築するかである．この点で，今回のように成長の定義に基づき複数の記録群を活用した成長状態の把握と，それらを起点としたインタビューの実施，および質的比較分析を用いた成長に向けた次の一手の検討という調査研究のプロセスは，評価と育成の両方の側面を兼ね備えた「成長の可視化」への挑戦といえる．さらに研究と教育実践をつなぐという意味で一定の意義があると言えるのではないか．

　注　記

　1)　今回の共同研究では，学生のどのような成長の姿を可視化することが適切かを議論する中で，イリノイ州のキャリア開発能力指標の枠組みを参考にした．この指標は「自己を肯定的に振り返り，他者に自分の言葉で語ることができる」「大学内外のさまざまな機会を積極的に活用し，試行錯誤する中で将来何をしたいかを考え，自らの進

路を決めていく」ことを求める追手門学院大学のアサーティブプログラムや入試の考え方と合致しており，この「自己省察力」「探索力」「計画力」の3つの力を成長状態（「自走できる」状態）を支える指標として設定した．

2）　インタビューの結果を記録するためのツールとして「面談カルテ」を作成した．カルテは，インタビュー調査者の学生の成長状態に関する評価の観点を揃える機能をもつとともに，そこで明らかになった情報を，適切な部署や教職員に引き継ぐための申送りの機能を併せもつことを想定し作成されている．詳細については，追手門学院大学アサーティブ研究センター・ベネッセ教育総合研究所共同研究報告書（2018）「『学びと成長の可視化』からその先へ」，p38-41を確認いただきたい．

3）　質的比較分析の方法の詳細については，Schneider and Wagemann（2012），Rihoux and Ragin（2008；邦訳は2016），田村（2015），田村（2006）などを参照されたい．また，質的比較分析には，fsQCA3.0のソフトを利用した．

4）　ブール代数：命題の真偽を演算によって処理するための代数．たとえば，あるグループに所属しているかどうかを○×で示していたものを，○を1，×を0と表す（集合への帰属度を，集合への帰属＝1，非帰属＝0に置き直し，1と0を使って行う演算の基礎となるもの）．

5）　集合論：クリスプ集合とファジィ集合の2つがある．クリスプ集合とは，たとえば，日本人であるかどうかは国籍をもっているかどうかで判断できるというような境界が明確な集合のことで，成員スコアを1（成員）か0（非成員）に分けることができる．一方，ファジィ集合は，完全／非完全な成員資格を判断する境界が不明確である概念・集合のことで，部分的な成員資格も許容する．たとえば，ある製品がブランドとして認められるかどうかの判断には中間領域があり，1か0だけでなく，たとえば「おおむねブランドと言える」：0.8や，「どちらとも言えない」：0.5などの成員スコアを含む．こうしたスコアの付与については，その概念や集合に関して先行する理論知や，実務家の常識的な実践知，調査などによって得られたヒアリングデータや量的データなどの経験知などの情報を総合的に集め，判断する．

6）　大学生の指導に関するQCAを用いた先行研究として，山下利之，河野康成，葛原茂一郎（2004）「大学生の職業未決定をもたらす心理的要因の組み合わせに関する質的比較分析」，日本教育工学雑誌27（suppl），85-88などがある．

7）　「∧」は，たとえばAとBのどちらにも属する全体の集合をA∧Bと示し，「AとBの共通部分」を意味する．この中間解で出現する「∨」は，AとBの少なくとも一方に属する要素全体の集合をA∨Bと示し，「AとBの和集合」を意味する．ちなみに「～」は該当する集合の否定を示す（チルダ）．たとえば「～B」は，「Bではない」ことを意味する．

8)　ここでの整合度は，必要条件である度合いを表している．0から1までの値をと
　り，0.9を超える場合に必要条件と判断される．

参 考 文 献

ILLINOIS CAREER DEVELOPMENT COMPETENCIES K-12 COMPETENCIES AND INDICATORS（High School），https://www.isbe.net/Documents/career_competencies.pdf

小林雅之（2016）「IRと学生調査」小林雅之・山田礼子編『大学のIR』，慶應義塾大学出版会，73-103.

森大輔（2016）「判例研究への質的比較分析（QCA）の応用可能性」，熊本法学，136，318-262.

大多和直樹（2016）「大学改革に学生調査をどう生かすか―もう1つの『学生調査とIR』―」，高等教育研究，第19集，87-105.

追手門学院大学アサーティブ研究センター・ベネッセ教育総合研究所共同研究報告書（2018）「『学びと成長の可視化』からその先へ―アサーティブプログラム・アサーティブ入試の実証的研究で見えてきたこと―」．

Rihoux, Benoît and Charles C. Ragin（2008）*Configurational Comparative Methods: Qualitative Comparative Analysis（QCA）and Related Techniques*, Sage Publications, Inc.（ブノワ・リウー，チャールズ・C. レイガン編著，石田淳・齋藤圭介監訳（2016）『質的比較分析（QCA）と関連手法入門』，晃洋書房）.

Ragin, Charles C.（1987）*The Comparative Method: Moving Beyond Qualitative and Quantitative Strategies*, University of California Press（チャールズ・C. レイガン著，鹿又伸夫監訳（1993）『社会科学における比較研究―質的分析と計量的分析の統合にむけて』，ミネルヴァ書房）.

Schneider, Carsten Q. and Claudius Wagemann（2012）*Set-Theoretic Methods for the Social Sciences: A Guide to Qualitative Comparative Analysis*, Cambridge University Press.

田村正紀（2015）『経営事例の質的比較分析―スモールデータで因果を探る』，白桃書房.

田村正紀（2006）『リサーチ・デザイン―経営知識創造の基本技術』，白桃書房.

第 7 章

アサーティブ面談のエッセンスを活用した面談手法の開発
― 多面的な評価と指導の両立を目指して ―

岡田 佐織

1　本章の課題設定

　本共同研究では，2つの研究目的が設定されていた．1つは，アサーティブプログラムおよびアサーティブ入試の成果検証を行うこと．もう1つは，成長の可視化と可視化した結果を活用した指導手法の開発である．このうち，後者の目的については，「学修成果の可視化」ではなく，「成長プロセスの可視化」ということにこだわった．学修成果を事後的に確認するのではなく，成長しつつあるプロセスの途上でのありようを可視化し，指導に活かしていく．そのためには，学業成績（GPA：Grade Point Average）やアンケートの回答，アセスメントによる診断結果等，学内で保有する多様な情報をどのように統合し，学生の姿を多面的に評価していくかについての手法と，評価結果を活用し，指導に生かしていく手法が必要となる．そこで，これまでのアサーティブ面談で培われてきた学生を見る視点，成長を後押しする手法を入学後の面談指導の中に組み入れ，学生の成長を多面的に評価してそれを指導に活かしていく仕組みをつくることができれば，入学前から卒業時までを同じ軸でつなぐ形で，多面的な評価と育成を両立する教育実践の新しいモデルとすることができるのではないか．本研究では，そのような考えのもと，成長の評価と支援を両立する新たな面談手法を開発することを目指した．本章では，この面談手法の開発プロセスを紹介しながら，学生の成長を可視化し，支援するための面談の在り方について考察していきたい．

　面談手法の開発にあたっては，学内で複数の担当者が共通の問題意識のもと，組織的に面談を実施できるようにすることを目指し，以下の各観点に沿って面談ツールのプロトタイプ（ひな型）を開発した．

①優先的に面談を行うべき対象者を選定する方法

　　→多様な情報を集約する面談帳票の作成と対象者選定の観点設定

②面談の中で効果的に情報を引き出す方法

　　→聞取りの手順と観点を共有するインタビューフローの作成

③面談後に情報を記録として残し，引き継ぐ方法

　　→評価・指導観点の設定と面談カルテの開発

④面談の場での指導方法

　　→学生との対話を促進する面談カルテの開発

上記のねらいのもと，具体的には次のようなプロセスで研究活動を行った．

(1)アサーティブ面談とはいかなるものであるか，面談実施者は何を行っているのか，アサーティブ施策が目指す育成したい人物像とはどのようなものかについて，事例等を共有しながら理解を深め，評価と育成の観点を共有する．

(2)アセスメントデータを基に，上記で確認した人物像や評価観点に照らし，支援が必要と思われる学生を抽出する．

(3)抽出した学生に対して，半構造化インタビューを実施．インタビューは面談実施に見立てて構成し，どのような質問をするか，そこから何を引き出すかをインタビューシートに落とし込む．

(4)引き出した内容を基に，情報の記録や引き継ぎを行うための面談カルテのフォーマット案を作成し，使い勝手を確認する．

(5)面談カルテのフォーマットを修正し，再度面談を実施．面談指導でどのような働きかけや支援を行うとよいかを確認する．

本章では，まず上記(1)について，学外からの立場で解釈し考察したアサーティブ面談のエッセンスと評価・育成の観点について報告し，続いて面談指導のプロトタイプ開発（①〜④）によって得られた成果と課題について述べる．

2 　アサーティブ面談で何が行われているのか

　アサーティブプログラムのねらいや制度設計，運用方法については，第2章を参照いただきたい．ここでは，制度の創設・設計者であり，これまで数多くの面談を実施してきた福島一政氏，志村知美氏の語りの中から，アサーティブ面談のエッセンスと言えるものを抽出してみたい[1]．

（1）動　機　の　確　認
　アサーティブ面談では，「将来どんなことをしたいのか，それを実現する進路はどんな場がよいのか，それが大学だとすれば大学や学部はどのように選択するのか，などについて話し合い，高校生自らの意思で決めることができるように導く」とされている（『共同研究報告書』を参照）．面談実施者は，「将来（大学卒業後），何をしたいと考えているか」「大学では，どのようなことに取り組みたいと考えているか」「なぜそれを追手門学院大学でやりたいのか」を問いかけ，将来展望や目標について確認していく．この時点で，希望する進路や職業が明確に決まっている必要はない．ただし，いずれはそれを決められるように，大学入学後に何をするかについてはとことん考えさせている．また，大学のカリキュラムや学問内容を正しく理解したうえで志望しているか，事前に情報収集をしているかについても確認する．「経営学が学べる大学は他にもある．なぜ追手門なのか」などと問いかけ，追手門学院大学で学ぶことの意味を考えさせている．さらに，面談実施者は，将来展望や大学での目標について尋ねると同時に，「なぜそれをしたいと考えたのか」「なぜそれがあなたにとって重要なのか」といったこれまでの経験や自己認識と照らし合わせながら，動機の確かさを確認していく．

（2）自己省察を深めるための探索の示唆
　将来展望や目標があいまいであったり，一応は希望する進路を言うことができていても，その希望に対する理由が漠然としていたりして，これまでの自身の経験から意味を引き出したり，自己認識と結び付けて動機を語ることができ

ない場合がある．そんなときは，「自分の好きなこと，得意なことは何か」「これまで一番頑張ったこと，成長したと感じた出来事は何か」といった，自己省察を深めるための問いかけを行っている．対話を通じて，本人も自覚していなかった自身の成長や，今の自分を形づくる契機となった出来事などを過去のエピソードから引き出していく．そして，将来の目標を考えられるだけの自己省察が十分にできていないと感じられるときには，次回の面談に向けて，本当にそれがやりたいことなのか再考してくるよう促すこともある．

　また，「公務員になりたい」「教師になりたい」という目標を語ることができても，なぜその職業なのか，そもそもどのような仕事をするのかを理解していない場合も多い．単に「安定しているから」といった漠然とした理由で公務員を志望するようなこともある．そのようなときは「夕張市のように，破産する自治体だってある．自分の住んでいる町にどんな課題があるか，調べてみよう」など，職業イメージに揺さぶりをかけ，実像を知ることを促したり，なぜその職業でなければならないのか，自身の経験を振り返るよう問いかけたりしている．

(3) 目標設定のための探索の示唆

　将来展望や自己省察の内容に照らして，今取り組もうとしていることが妥当なのかを確認し，努力の方向性がずれていると思われるときには，そこに気づかせるような問いかけを行っている．自分の得意なこと，好きなことを活かして「これがやりたい」と明確なイメージをもっている場合にも，限られた情報の中で，よく知られた職業に飛びつく形で選択されていることがある．そのようなときには，「あなたの強みややりたいことを活かせる職業は，他にもたとえば〜〜や××もある．どんな仕事があるか，一度調べてみてごらん」と，選択肢を広げるための行動を促している．また，やりたいことが明確にある場合にも，大学で何を学ぶのか，追手門学院大学で何が学べるのかについての理解が不十分なことがあれば，「〇〇学の内容について図書館で調べてみよう」「〜〜について学べる大学を調べてみよう」などの問いかけを行っている．

(4) 行動目標の設定と実行の後押し

　将来何がしたいか，そのために追手門学院大学で何を学ぶかが明確になれば，次のステップとして，その実現のために何をするか，行動目標を適切に設定する必要がある．入試に向けて学力を高めるため，どのように学習を進めるとよいか，学び方の助言を行うこともある．また，入試で問われているコミュニケーション力を高めるために日々の生活の中でどのようなことに取り組むべきか，といった相談にも乗る．将来の目標も，その実現にむけてすべきこともわかっているのに，それが実行できないような場合には，スモールステップでの目標設定を促し，「次の面談までにこれをやってみて，その結果を教えてほしい」などの宿題を出すこともある．

(5) 成長の承認，リフレクションの促進

　面談対象者のこれまでのもがきや頑張りを認めたり，小さな変化や成長を承認したりすることで，リフレクションが促される．それにより，経験の意味づけや自己省察がさらに深まり，目標設定がより明確になったり，さらなる学習の原動力となったりする．

　こうしたアサーティブ面談の中で行われている取組みと，その教育的機能を整理したのが図 7-1 である[2]．

　目標設定や自己省察が不十分な状態の高校生にとっては，それらを引き出すサポートが必要である．また，設定された目標や将来展望と，その実現に向けて実行しようとしていることがちぐはぐで，誤った方向で努力をしていることもあるが，そのことになかなか自分では気づけないものである．アサーティブ面談は，キャリアの方向性と学ぶこととの安易な結び付けや思い込みに揺さぶりをかけ，視野を広げるための探索の仕方を示唆しながら，目標実現に向けての行動を促していく点に，その特徴と教育的意義があるように思われる．

　もう1点，アサーティブ面談の意義を自己調整学習の理論と関連づけて述べておきたい．自己調整的な学習において，学習者には予見段階–遂行段階–自己省察段階の自己調整サイクルを自ら回していくことが求められている（塚原，2012）．新しい学習指導要領でも，学習者が「学ぶことに興味や関心をもち，自己のキャリア形成の方向性と関連づけながら，見通しをもって粘り強く取り

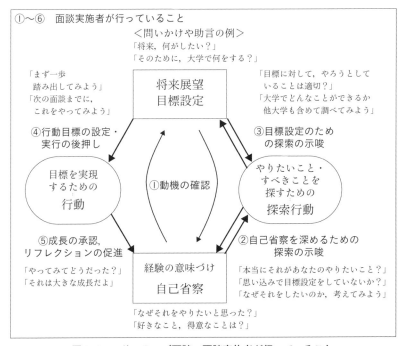

①～⑥　面談実施者が行っていること
　　　　　　　＜問いかけや助言の例＞
　　　　　　「将来, 何がしたい？」
　　　　　　「そのために, 大学で何をする？」

「まず一歩
　踏み出してみよう」
「次の面談までに,
　これをやってみよう」

将来展望
目標設定

「目標に対して, やろうとして
　いることは適切？」
「大学でどんなことができるか
　他大学も含めて調べてみよう」

④行動目標の設定・
　実行の後押し

③目標設定のため
　の探索の示唆

目標を実現
するための
行動

①動機の確認

やりたいこと・
すべきことを
探すための
探索行動

⑤成長の承認,
リフレクションの促進

②自己省察を深めるための
　探索の示唆

「やってみてどうだった？」
「それは大きな成長だよ」

経験の意味づけ
自己省察

「本当にそれがあなたのやりたいこと？」
「思い込みで目標設定をしていないか？」
「なぜそれをしたいのか, 考えてみよう」

「なぜそれをやりたいと思った？」
「好きなこと, 得意なことは？」

図 7-1　アサーティブ面談で面談実施者が行っていること

組み, 自己の学習活動を振り返って次につなげる『主体的な学び』」の実現が求められている（中央教育審議会, 2016）. アサーティブ面談の中で実現しようとしていることは, この「主体的な学び」の実現そのものであると言える.

　自己調整サイクルがうまく回っているかどうかは, 大学生活への適応を大きく左右する. そして, 大学生活への適応を考えるうえでは, 「キャリア形成」「学習（学修）」「大学への帰属意識」の3つのレイヤーで, 自己調整サイクルが良好な状態で回っていること, そして, それらが相互に有機的に結び付いていることが肝要であると筆者は考えている. 自己調整のサイクルには, 学生生活全体のレベルで大きく回すものと, 個々の学習課題や行動の中で小さく回すものがあり, それらが重層的に相互に影響を与え合っている（図7-2）.

　株式会社ベネッセ i-キャリアの「大学生基礎力レポート」[3] では, 「キャリア形成」「学習（学修）」「大学への帰属意識」の各レイヤーに関して, 自己調整

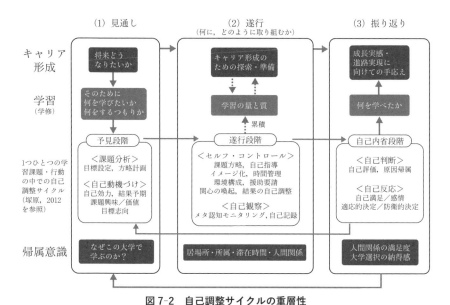

図 7-2　自己調整サイクルの重層性

サイクルの状態を評価する指標が設定されている（表 7-1 を参照）．追手門学院大学をはじめ，複数の大学でその診断・回答結果と退学との関係を分析した結果からは，図 7-2 の(1)見通し，(3)振り返りに関する「キャリア形成」「学習（学修）」「帰属意識」の質問項目や診断指標で，退学率との相関が出ており，大学での適応状態を判断するうえで重要な指標であると考えている．また，退学者の回答状況を見ていると，キャリアに関する将来の見通しや，遂行のありようと，学習に関する見通し・遂行のありようにちぐはぐさがある場合が散見される．アサーティブ面談で「将来何がしたいか」「そのために大学で何を学ぶか」「なぜそれを追手門学院大学で学ぶのか」を問いかけ，それらの説明に首尾一貫性があるかを確認しているのは，入学後の大学適応や自己調整的な学習を促進するうえで，理にかなったものであると言える．

表7-1　大学への適応状態とアセスメント指標との対応関係

	大学への不適応を うかがわせる現象	質問項目・診断指標 （大学生基礎力レポート）
キャリア 形成	□この大学で学ぶことで成長できると感じられない （手応えや成長実感が乏しい） □希望する進路と学んでいる内容が不一致 □学んでいることと将来とのつながりが感じられない	・大学での学びを通じて，自分が成長できるイメージをもっている ・成長を感じられる授業が多い・少ない ・希望する進路に進めるか不安 ・やりたいこと（就職・進路面）が見つからない
学習 （学修）	□興味関心と専攻分野の不一致 □大学での学びに面白さを感じられない □授業についていけない，理解できない □入学前にイメージしていた内容と違っていた □やりたいと思っていたことができていない □「大学でこれを学びたい」というものがない	・興味関心の一致度 ・授業内容への満足度 ・興味関心のある科目が多い・少ない ・授業のレベルが高すぎる・低すぎる ・授業についていけない ・学びたいことが学べていない ・学びたいことが見つからない
帰属意識	□この大学に入学したことに納得していない □この大学ならではの良さを感じていない □親しい友人がいない，大学に居場所がない □周囲の学生の意識が低く感じられる □人間関係のトラブル・悩みがある □健康，経済状況，家族の状況等の不安・悩み	・大学納得度 ・学部・学科のお勧め度 ・充実度 ・入学後のイメージ変化 ・友人との人間関係に対する満足度 ・周囲の学生の意識が高い・低い ・大学の校風や雰囲気は自分に合っている ・再受験・退学の検討 ・教員との人間関係 ・友人，異性，先輩，後輩との人間関係 ・経済的な事情

3 在学生の成長を支援する面談手法とツールの開発

　上記で見てきたような教育的効果をもつアサーティブ面談の手法は，入学前の指導のみならず，入学後の学生にとっても有益なものとなるはずである．アサーティブ入試で入学した学生だけでなく，それ以外の入試区分で入学した学生に対しても，アサーティブ面談の手法を使って大学で主体的に学ぶことのできる力を培うことができれば，アサーティブ入試の定員枠が全体の一部であったとしても，その効果を全学に波及することができる．

(1) 優先的に面談を行うべき対象者をどのように選定するか

　全員に対して面談を実施することが理想ではあるが，リソースは限られている．そのため，優先順位をつけて面談を実施する必要があり，優先順位づけの方法が問題となる．学内で保有する多様なデータから何を読み取り，どのような基準で対象者を選定するかについての知見と合意形成が必要になる．

　今回は試みとして，アサーティブ面談の中で重視している「将来何がしたいか」「そのために大学で何を学ぶか」「なぜそれを追手門学院大学で学ぶか」という3つの観点に対応するアセスメント項目への回答結果を基に，面談対象者を選定した．自己調整サイクルの3つのレイヤー（「キャリア形成」「学習（学修）」「帰属意識」）に関する回答・診断結果（表7-1を参照）を基に，早急な支援を必要としていると思われる学生や，優先的に面談すべき学生を抽出し，面談手法や面談ツールを開発するためのインタビュー調査を行った．

(2) 面談でどのような情報を引き出すか

　インタビュー調査にあたっては，アセスメント結果および大学が保有するGPAや出身高校等の情報を確認しながら質問ができるよう，回答状況・属性情報等を一覧できる帳票を作成した（図7-3）．

　インタビュー対象者は，表7-1で挙げた項目群で気がかりな回答を寄せている学生を中心に選定した．インタビューでは，その回答の背景にどのようなことがあるか，キャリア形成，学習（学修），帰属意識の各観点から確認してい

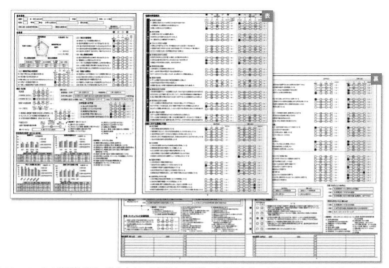

※アセスメントの診断結果は，学生本人にも返却し，同様の内容は大学でも確認できるようになっており，これ
　を個人帳票として活用することができる．今回は，アサーティブ施策の検証のため，大学が重視する観点で回
　答結果を確認できるよう，内容・配置を変え，学業成績等の大学保有情報も追加している．個人帳票は，エク
　セル上でフォーマットを作成し，BVA と関数を使ってデータの流し込みを行う方法で作成した．

図7-3　面談用の個人帳票

くことにした．

　インタビュー時には，このアセスメント個人帳票の他に，インタビューフロ
ーシートを作成した（図7-4）．これは半構造化インタビューでよく用いられ
るものであるが，複数の面談実施者の間で話の引き出し方や見るべき観点を共
有するためにも有効である．聞くべきことや回答内容に応じたサブクエスチョ
ンなどを事前に吟味して作成しておくことで，深い話を引き出すことができ
る．今回のインタビュー項目は大きく5つのパートで構成した．

　Ⅰ．進学理由・入学前後の大学に対するイメージ

　Ⅱ．普段の過ごし方や，取り組んでいること

　　　（人間関係に関する質問を含む）

　Ⅲ．学びについて

　Ⅳ．進路・将来展望

　Ⅴ．悩み・困っていることなど

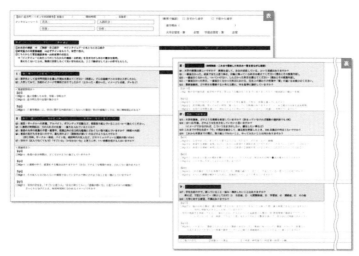

図7-4　インタビューフローシート

　インタビューを行うと，時にはアセスメント結果から推測される人物像や，悩み・つまずきの状況とは異なる語りがなされることがある．そのようなとき，アセスメント結果から浮かび上がる気がかりな点に関連しそうな出来事や思いを丁寧に掘り下げて聞いていく中で，面談時間がいくぶん経過した頃にようやく悩みや不安が開示されることもあれば，アセスメント実施時と現在とで状況が変わり，悩みが解消されたプロセスを聞くことができたケースもあった．また，複数の質問項目や診断結果の間に，内容の矛盾やちぐはぐさを感じさせるような結果が出ていることがあり，その点を掘り下げていく中で，学生自身の悩みや，現実と向き合えずにやり過ごそうとしていることが見えてきて，そこが指導の糸口になることもあった．インタビューフローシートとアセスメント個人帳票を併用することで，面談実施者の間で共有できる，中立的な問いかけの手順をもちつつも，学生の状況に応じて深掘りするポイントを変えていく柔軟さを併せもち，面談で引き出す情報の質を高めることができるように感じられた．

(3) 面談後にどのような情報を記録として残し，次の面談実施者に引き継ぐか

　面談で学生の現状を把握し，問題があればアドバイスをしたり，学内のサポート機関を紹介したりするなど，何らかの指導・助言を行うことになる．その場合，面談終了後も継続して当該学生の様子を見守り，必要なタイミングで声をかけることができるようにする必要がある．また，状況が深刻な場合には，その学生と接することの多い教員や，サポートを行う関係部署の担当者に対応を引き継ぐことになる場合もある．そのための「カルテ」を作成し，評価・指導の観点や，引継ぐべき情報をあらかじめ整理して示すことができれば，面談の質を一定水準以上のものに保つとともに，複数の教職員が部門を超えて学生の支援にあたることができるようになる．

　今回，面談時の評価・指導の観点として，自己省察，探索，計画という3つの軸を設定した[4]．この3つの軸ごとに確認すべき3項目を設定し，「できている」「どちらとも言えない・わからない」「できていない」の3段階で評価するチェックリストを作成した．面談で引き出した情報を基に，学生の状況をこの9つの観点で確認・診断していく．それらの評価結果を総合して，現在の学生の到達点と課題を確認し，大学として支援すべきことや，必要な申し送りを行うための情報を記入する欄を設けたフォーマット作成し，上記のチェックリストと合わせて「面談カルテ」とした（図7-5）．

　なお，調査を目的としたインタビューでは，インタビュー調査者が対象者に対して価値判断を示したり，助言したりすることは行わないのが通例である．しかし，今回は面談手法の開発を目的としているため，インタビューの最後に，必要に応じて大学の施策を案内したり，選択肢を広げて行動を後押しするような助言を行ったりして，その履歴を面談カルテに記載し，後日，研究メンバーと共有するという方法をとった．面談実施者による学生の状態の評価や，必要とされる支援についての判断内容については，第6章を参照されたい．

　インタビュー実施後，インタビュー調査者は事前に設定した評価観点に基づいて，面談カルテに概要と評価結果を記載した．インタビューは毎回，複数名で実施されており，実施者間で評価結果が一致するかを確認した．また，インタビューに同席しなかったメンバーも，インタビュー録を読んで同様に評価を

図7-5　面談カルテ（当初案）

行い，評価結果が一致するか突き合わせを行った．

　その結果，3つの力（自己省察，探索，計画）のうち，どの部分は良好で，どこに課題があるか，大学として今後どのような支援が必要かといった点については，複数のインタビュー実施者の間でも，インタビュー録を読んで評価した他の研究メンバーの評価結果とも，ほぼ一致することがわかった．一方で，3つの力の評価観点について，それぞれがどれだけ達成できているかという段階評価については，結果は一致しなかった．たとえば，「この学生は，自己省察は比較的行っているが，探索が不十分であり，それゆえ計画も漠然としたものになっている．まずは今の関心を軸に，教員に質問に行ったり，関連する職業イメージを広げたりする取組みをしてほしい」といった，3つの力についての見取りや指導ポイントについては，ほとんどの意見が一致した．しかし，3つの力の下位項目として設定した評価観点ごとの到達度については，評価者によって判断が分かれた．「大学で何を学ぶか，取り組むかを考え探索している」という評価観点に対し，「資格試験に向けて勉強しているのだから，達成できている」とするか，「資格取得への挑戦と大学での学びや将来イメージが

つながっておらず，資格を取ることがとってつけたような目標になっている」とみるかで，チェックリストの選択肢（できている・どちらとも言えない・できていない）のどれを選択するか，異なる判断がなされた．

　このように判断が分かれる要因として，それぞれの評価観点に対して，どこまでできていれば「できている」と見なしてよいかの基準が設定されていないこと，評価者が学生に期待する水準に差があること等が考えられた．また，探索のための計画を立てている場合が多数見られ，3つの力のうち「探索」と「計画」の要素を明確に切り分けることが難しいこと，「計画」は十分に練られていても行動が伴っていない場合にどう評価するかが明確でないといった課題も明らかになった．

　そこで，チェックリストの改訂に向けて，3つの力の観点の再整理を行った．学生の現状を「自己省察」「今の自分を超えるための探索と実行」「将来の進路選択やその実現に向けての探索と実行」「大学での適応状況」の4観点に分け，それぞれの下位項目として3項目ずつ設定した（設定した下位項目は図7-6を参照）．「探索」を「今の自分を超えるための探索」と「将来の進路選択やその実現に向けての探索」に分けた理由は，将来につながるかどうかということとは関係なく，今はこれに打ち込みたいという熱中や努力も，成長の姿として評価できるようにするため，そして，自分はこのままでよいのだと思い込んだり諦めたりせず，居心地の良い環境の外に身を置くことをしているかを，問いかけられるようにするためである．なお，ここで新たに設定した「大学での適応状況」の3つの下位項目は，表7-1で示した3領域（キャリア形成，学習（学修），帰属意識）の中から，適応に影響を及ぼす代表的な観点を抽出した．これは，早期に支援が必要な学生の兆候を逃さず把握し，対応できるようにすることを目的としている．

　また，評価結果の不一致を減らすため，各観点における到達状況の差を，「できている・どちらとも言えない・できていない」という程度の差として評価するのではなく，①何らかの問題意識があるか，②その問題意識に基づく具体的な計画や行動の予定があるか，③実際に行動しているか，④行動後の省察，目標設定の修正や，さらなる試行錯誤が見られるかといった段階ごとの違いを明確に判断できる評価基準を設定した．

自己省察

(1) 経験の意味づけ・価値づけの習慣
- 過去の行動とその意図、たどたどしくとも言葉を素直に言い出し、気づいたことなどを率直に言語化・説明ができる
- 過去の行動について、たどたどしくとも言葉にしようとしている
- 言語化できない、または、しようとしていない

(2) 自己を深く理解している（多面的で、カツ一貫性がある）
- 過去の多様な経験がどのように現在の自分を形成しているか、価値観・志向性を多様な角度から相互に結びつけて語ることができる（一貫性のあるストーリーになっている状態）
- 現在の自己について、強み・弱みや、人間であることについて、何かしら語ることができる
- 自分はこのような人間であるということを表現できない、または否定的な要素が多い

(3) 自己を肯定的に捉え、表現できる
- 自己について、肯定的な感情がありながらも、具体的な面（欠点的）な面をバランス良く認知している状態（ひとりよがりでない）
- 自己について、肯定的に表現できる
- 自分はこのような人間であるということを表現できない

いまの自分を超えるための探索と実行

(1) 自分の学びや興味関心の範囲を広げようとしている
- 好きなこと・やりたいことでないことの中でも、貪欲に興味を広げる、何らか自分にとっての学びを見つけようとしている
- 自分のやりたいこと、こうしたいという思い・計画はあるが、行動を起こせている
- 与えられたものだけで、最低限のことしかしていないだけ

(2) 自分のできることを広げようとしている（成長に向けての意識と行動）
- 成長のために、また自らの弱さへの意識はあるから、高い負荷を意識的に自らに課し取り組んでいる
- こうなりたい、という気持ちも行動もない
- 伸ばしたい弱みや克服したい弱みへの意識はあるが、実現に向けての一歩を踏み出せていない

(3) 視野の狭さ、価値観の偏りを克服するような努力をしている
- 意識的に価値観や立場の異なる人と接したり、常にニュートラルに身を置いたりするなどして、視野を広げるための努力を起こしている
- 自分の状況など、問題意識は感じつつもありのまま（努力項目に留まっている）
- 自分の視野の狭さ、価値観の偏りについてや評価する視点がない（問題意識がない）

将来の進路選択・実現に向けての探索と実行

(1) 学生生活の中で、何に注力し、何を達成したいかが明確になっている
- 好きなこと・やりたいことでないことの切り分けも、自欲に興味のもてること、やりたいことってのことや自分らしさを見つけようとしている
- 自分の好きなこと、やりたいこと思い・計画はあるが、範囲に移せている
- これもやりたい、こうしていこうという思い込みが強く、行動に移せている（無気力、なんとなく過ごしで日々を過ごしている）

(2) 将来、どのように生きていくか、視野と選択肢を広げながら模索している
- 適切な現実理解・自己理解に基づいて、将来ビジョン・イメージをもったうえで、更に視野や選択肢を広げるための行動をとっている
- こうなりたいというものは、あるが、考え方が狭い思込み、強力りがある
- 将来について、何も考えていない、考えようとしていない（現実を踏まえられていない）

(3) 進路選択・実現のための計画・行動がある
- 将来に向けて、いつ何をすべきかが明確になっているので、今すべきことに高い意識・水準で取り組めている
- 「いつ頃何に取り組むか」という大まかな計画はあるが、具体的な行動はしてまだとしてはいない（具体的な行動がある）
- 将来に向けての計画がない

大学での適応状況

(1) 大学での学びを通じて、自身の成長や楽しさ、学ぶ意義を実感している
- 大学での学びを通じて、自身の成長がイメージできて、今も先々に学んでいくのか、楽しさを感じられている
- 大学での学びが、つまらない・苦痛
- 時々楽しいこともあるし、苦痛に感じる時もあるが、何か自分にとっての学びを見つけようとしている

(2) 学内に、切磋琢磨し助け合ったりできるコミュニティ、人間関係がある
- 大学での学びに、友人や仲間を通じて、互いに切磋琢磨できる友人もいて、またはそのようなコミュニティがある
- 困ったときに頼れる友人、仲間がいない
- 成長のために、仲の良い友人はいるが、必要な刺激の獲得できていない／前向きな叱咤や議論の解消への、サポートが少ない／コミュニティが乏しい

(3) 学生生活の延長、納得できる進路選択や希望進路の実現がイメージできる
- 大学での学びが、日々の取り組みが将来の何につながるかのつながりなどが、明確に意識され、日々を過ごしている
- 将来やりたいことと、学んでいることの関連や、何につながるか、見えない
- 大学での学生生活を営むことで、こうして確保することが、自らの希望実現につながる、という明確な関係性をもっている

所属・名前

図 7-6　自己評価と他者評価を突き合わせる確認シート

　このようにして改訂されたシートは，段階ごとの区切りが明確になったため，学生が自己評価を行うためのツールとしても活用できると考えられた．学生による自己評価と，面談実施者による他者評価とを突き合わせることで，学生にとっては，自己評価が適切であったのかについてのフィードバック情報が得られることになる．また，面談実施者にとっても，学生が自身の状況をどのように認識しているかを知ることができ，指導の手がかりを得ることが期待できる．

(4)　面談カルテを活用した面談指導の方法

　自己評価と他者評価を突き合わせて対話をすることの教育効果を確認するため，上記の確認シートを使って実際に面談を行った[5]．今回の面談の対象者3名は，面談実施者とすでに面識がある（本研究におけるインタビュー調査の対象者1名を含む）．このため，趣旨説明の後，面談実施者・学生ともに確認シートを使って評価を行い，評価結果を突き合わせながら，双方がなぜそのように評価したかを説明し合った．初対面の場合には，学生生活についての話をある程度聞いた後で，このシートを使用することを想定している．今回の面談の試行から，次のような手順を意識して確認シートを活用することで，教育効果の高い面談が実施できるのではないかという感触が得られた．

1）学生と面談実施者の間にシートを置いて，学生との対話を深める

　面談実施者と学生の評価結果は，双方の評価が一致する項目，面談実施者の方が高く評価する項目，学生の方が高く評価する項目に分散した．評価結果に違いが生じたとき，なぜそのように評価したかを双方に説明し合った．面談実施者の方が高く評価している場合，その理由を伝えることは，学生にとって新たな気づきや自信になるようだ．逆に，学生の方が高く評価している場合，なぜそのように評価したかを説明してもらうことで，面談実施者がそれまで知らなかった，学生の新たな一面が見えてきた．また，学生からは「お互いに『せーの』で結果を突き合わせるのが，ゲームのようでおもしろかった」という感想が寄せられ，学生自身が対話を楽しんでいる様子も見てとれた．

2）学生の成長を承認し，次の一歩を踏み出すための契機を引き出す

　面談を実施した学生3人に共通していたのは，本人は当たり前だと思ってい

ることが，その学生の強みになっていることに気がついていないということ
だ．自身の成長や強みに気づき，自信をもつとともに，「自分のことをあまり
に知らない」という課題にも気づき，自分のことをもっと知るためには，たく
さんの人と話し，客観的に自分を振り返ってみようとする契機となったのでは
ないか．

　また，ある学生からは，「自分の考えは間違っていないと思うけれど，大人
から見てそう思われないのであれば，自分の意見とも，社会一般の考え方とも
違う『第三の答え』を見つけなければいけないと思った」という発言があっ
た．自身ではこれまで課題だと感じていなかったことに対して，「客観的に見
ると（大人や社会一般の価値観からすると）こう見えるよ」ということを伝え
ることで，その指摘そのものには納得がいかなかったとしても，自分の考え方
は間違っていないと第三者を納得させられるだけの，今とは異なる説明や行動
が必要なのだということに目が向くようになった．

3）次の指導の助けとなるよう，面談結果と申し送り情報を記録する

　観点ごとの評価理由や，相手から聞いたエピソードを記録として残しておく
ことで，次に話をしたときに「あの後，どうした？」というところから会話を
始めることができ，学生の具体的な行動に基づいて効果的にアドバイスをする
ことが可能になる．また，限られた時間で大勢の面談を連続して実施するよう
な場合には，詳細なメモを残す時間が十分にとれないことがある．このような
チェックリストがあれば，欄外に短くメモをとることで，面談の履歴を手早く
残し，必要に応じて引き継ぎや申し送りができるようになる．

４ 成長を可視化し，支援するための面談とは

　最後に，成長の可視化と支援という観点から見た面談の効果について考えて
みたい．

　面談は，成長プロセスのありようを理解し，その理解に基づいて効果的な支
援につなげることのできる強力なツールである．双方向性のある対話によっ
て，行動を引き出したり，修正したりすることが可能である．アサーティブ面
談においても，自己省察を深め，将来展望を描いた先に，何かしらの行動に結

び付けることを支援している.

　成長プロセスの可視化という点からは,面談によって,学生の行動について,その頻度,強度,取り組み方を具体的に確認することができる.時には本人ですら意識化していなかったような小さな行動変容を見取ることができる.自己省察や将来展望については,アンケート調査や心理尺度による診断,文章記述によって,ある程度の情報を得ることができる.しかし具体的な行動については,そこで把握したい情報が「本を何冊読みました」といった単純化・数値化されたものでもない限り,個別に話を聞かなければその内実を捉えることは難しい.あるいは,自身の行動や成長について,文章の形で詳しく書いてもらうこともできるが,取り繕いや美化が含まれていることもあれば,その逆に,何かに取り組んでいることが本人の中では挑戦や成長と捉えられず,意識に上ってこないこともある.面談は,行動の質を捉えるのに適した可視化の手段であると言える.

　また,成長支援という点からは,面談を通じた対話によって,学生自身にも自己認識の変容が生まれ,成長への契機となることが期待できる.自らの行動が自身の目標や思いに対して適切なものであるかどうかは,他者という鏡がないとなかなか気づくことが難しい.双方向のやりとりがあることで,自ら気づき,あるいは他者からのフィードバックを得て,考え方や行動の変化へとつなげることが可能になるだろう.

　ただし,面談をする側も受ける側も,あまりに個別性・固有性が強いため,学生の成長プロセスを可視化し,共有可能なものにするためには,それなりの工夫と仕掛けが必要になる.本共同研究においては,その工夫と仕掛けは次のようにまとめられる.

　⑴面談の中で何を行おうとするのか,ねらいとする教育効果や面談に期待する役割を明確に設定し,面談実施者の間で共通認識を形成すること

　⑵面談に入る前に,活用可能な情報を整理し,支援のポイントになりそうな課題にあたりをつけておくこと

　⑶面談実施者の間で,課題認識や評価・指導の観点をある程度共有できるようにすること

　⑷学生自身が自己調整的な学習とキャリア形成のプロセスを構築する力を獲

得できるように，面談を自己評価と他者評価のすり合せができる対話の場
とすること

そして，これらを実現するための小道具として開発されたのが，①アセスメ
ント結果と大学が保有する情報を一覧化した個人帳票，②面談実施のための
インタビューフローシート，③学内申し送りのための面談カルテ，④自己評価と
他者評価を突き合わせて対話を促進する確認シートといった各種ツールであ
る．

これらとは別に，もう一点，工夫と仕掛けに入れるべきかどうか検討を要す
ると考えていることがある．それは，この一連の「成長の可視化と支援」のプ
ロセスを，面談としてではなく，インタビューとして実施するという点であ
る．

今回の一連の面談手法開発は，「面談に見立てたインタビュー調査」とし
て，教育活動と調査とを折衷する形で行われてきた．これが面談として実施さ
れる場合，そこで引き出される語りは，今回のものとは微妙に違ったものとな
るだろう．面談という指導する側・される側という関係性ではなく，対等に話
を聞くという関係性の中でこそ，「自ら気づいて動き出す」という成長プロセ
スの支援ができることもあるのではないか．また，インタビューに学外の人間
が関わるときとそうでないときでも，語られる内容は変わってくるだろう．学
外の調査担当者がインタビューをする場合，教員がインタビューをする場合に
比べて，学生の語り口は丁寧で詳細なものになり，それだけ内省が深まった
り，自分を客観視して次にとるべき行動を真摯に考えて提示しようとしたりす
る傾向があるのではないかと感じられる．一方，大学の教員，職員に自分の悩
みや困りごとを真摯に聞いてもらえることは，「いざというときに頼れる人が
いる」という安心感や，大学に対する信頼感にもつながるだろう．

また，インタビューする側も，立ち位置が異なれば，言葉がけの仕方も変わ
ってくる．学外の調査担当者として関わる方が，学生と対等な関係を築くこと
ができ，感じたことを率直に，そして気楽に伝えることができる．この「気楽
さ」というのは存外大事な要素で，教師−学生という上下の立場ではないから
こそ言えることやできることがある．一方で，学内の教職員だからこそ築くこ
とのできる関係性や，実現可能な支援もある．その意味では，学内の教職員と

学外の人間がペアで話を聞くというのは，プライバシーの問題に触れるような深刻な相談は別として，学生本人の内省を促すための面談としては良い組合せであるのかもしれないと感じている．アサーティブ面談を職員が実施するのは，直接の上下関係ではない「斜め上の大人」が相談に乗ってくれる良さと，大学の教育内容や支援プログラムについて詳しく理解したうえで助言してくれることの良さ，双方を併せもつ効果があるのではないだろうか．面談かインタビューか，学外の人間が加わるか否か，面談実施者が教員か職員かによって，対話の質や行動の促しにどのような効果の違いが生じるかは，今後検証してみたい課題である．

　最後に，本研究で開発してきた可視化のツールによって，学生を多面的に理解し，的確な指導を行う（あえて介入せず見守るだけに留めることも含む）ことができるかどうかは，これからの実践の場で試されなければならない．その手法もツールも，さらなる改良が必要であろう．また，それを使う人たちの間で，共通言語や共通理解を形成していくプロセスも必要となる．これらはいずれも今後の課題と言える．

　面談指導は，教育活動全体の中では，あくまでも補助的な指導と成長の機会であり，それだけですべての教育課題が解決するわけではない．入試という人生における大きな壁があるがゆえに，アサーティブ面談が有効に機能するという側面もあるだろう．そうであるならば，面談の効果は，普段の学生生活の中で，「乗り越えるべき壁」や「自ら一歩踏み出して挑戦する場」をいかに用意できるかということにかかってくる．アサーティブプログラム・アサーティブ入試という制度的基盤や文化的資産を活かした入学後の教育指導がどのように展開されていくか，今後の追手門学院大学の取組みに注目していきたい．

　　注　記
1)　ここで記載する内容は，面談実施者が事例を持ち寄って検討するケースカンファレンスでの語りや，共同研究の中で紹介された面談のエピソード，インタビュー調査実施後の学生への言葉がけの仕方などを基に学外者の立場から見て分析を行ったものであり，大学の公式見解ではないことをお断りしておく．
2)　「探索行動」を目標実現のための行動とは別種の価値をもつものとして捉える視点

は，共同研究メンバーである池田輝政氏の示唆によるものである．

3)　今回の共同研究で使用した，株式会社ベネッセ i-キャリア提供の「大学生基礎力レ
　ポート」の測定項目の詳細と，共同研究における検証の観点との対応関係について
　は，2018 年刊行の共同研究報告書（pp.12-15）を参照．

4)　イリノイ州のキャリア開発能力指標（ILLINOIS CAREER DEVELOPMENT
　COMPETENCIES K-12 COMPETENCIES AND INDICATORS）を参照して設定．
　この指標では，「Self-knowledge」「Educational and Occupational Exploration」
　「Career Planning」を 3 つの柱として，小学校段階，中学校段階，高等学校段階の
　コンピテンシーが設定されている．指標の詳細は，共同研究報告書（p.38）を参照．

5)　この面談は，志村知美氏によって実施された．面談内容の詳細は，共同研究報告
　書の志村・岡田（2018, pp.52-55）を参照．

参 考 文 献

追手門学院大学アサーティブ研究センター・ベネッセ教育総合研究所（2018）『共同研
　究報告書「学びと成長の可視化」からその先へ―アサーティブプログラム・アサーテ
　ィブ入試の実証的研究で見えてきたこと―』．
　https://berd.benesse.jp/feature/focus/17-report/otemon-assertive/#result（2020 年
　12 月 7 日）

岡田佐織「報告 5　教育効果の高い面談を実現するためのアセスメントデータと学生カ
　ルテの活用」，ベネッセ教育総合研究所ウェブサイト，https://berd.benesse.jp/
　feature/focus/17-report/forum/13/（2020 年 12 月 7 日）

志村知美・岡田佐織（2018）「面談カルテ（チェックリスト）の修正と面談指導への活
　用」追手門学院大学アサーティブ研究センター・ベネッセ教育総合研究所（2018）
　『共同研究報告書「学びと成長の可視化」からその先へ―アサーティブプログラム・
　アサーティブ入試の実証的研究で見えてきたこと―』．

中央教育審議会（2016）「幼稚園，小学校，中学校，高等学校及び特別支援学校の学習
　指導要領等の改善及び必要な方策等について」（答申）．

塚野州一（2012）「自己調整学習理論の概観」自己調整学習研究会編『自己調整学習』，
　北大路書房，p.14.

第 8 章

アサーティブ接続のトランジション戦略を振り返る

― 高大接続における学びのレディネスと育成の価値創造 ―

池田 輝政

1 アサーティブ接続を戦略的改革の観点から判断する

　アサーティブプログラム・アサーティブ入試の取組みを戦略的改革の観点から紹介し，その特徴と意味を明らかにしたい[1]．以下では，個別大学の入学事業として高大接続に「育成」の新次元を加えた点に着目し，この取組みをアサーティブ接続と略称する．

　戦略的改革の観点では，中長期の展望のもとに挑む新たな組織活動に注目し，独自の価値を創造し獲得するその過程と実績に焦点を当てる．長期展望の期間の目安としては 10 年先，中期では 3 年先を想定する．成功の判断は最初の中期 3 年から始め，目標にそった特定の実績（パフォーマンス）の内容に着目する．持続的活動となる長期においては，組織内外における影響や波及の効果を加味し，価値の創造と獲得の内容を判断する．

　この観点から述べると，アサーティブ接続の活動期間は，2013 年の企画・準備の段階を含めると，執筆時点の 2020 年 9 月現在では 8 年目の取組みとなる．これは長期活動の目安となる 10 年には満たないが，アサーティブ接続を内部から支援した筆者の立場から振り返ると，現時点でもその独自の価値創造は分析可能と判断する．この判断の由来を，以下に 4 つのカテゴリーから説明してみる．

　1 つ目のカテゴリーは戦略プラン立案に伴う判断である．筆者が 2015 年 4 月に赴任したとき，追手門学院大学は 2016 年 4 月から始動する第 II 期中期計

画（3年間）の策定期に当面していた．赴任後の6月には，戦略立案の仕事に
参画することになった．7月中旬には中期計画のたたき台を提出し，6度の加
筆修正を行い，9月の下旬には成案を論理的マップの様式にして執行部に提出
した．戦略経営指針体系図と名づけた第Ⅱ期中期計画は，翌年の2月に若干の
修正を加えて，理事会において承認された．立案者の目からは，アサーティブ
接続については，この時点で中期の実績を予見できる状況にあった．

　2つ目のカテゴリーは，中期計画の進捗を点検するマネジメントに関わった
者としての実務的な判断である．進捗・点検のマネジメントは既存の委員会組
織を活用する方法ではなく，新たな仕組みが用意された．具体的には，教学部
門に関わる戦略的施策のマネジメントには教育企画課が組織設計され，ここが
教育改革本部のライン業務を担当した．筆者は教育改革本部に参画できたの
で，アサーティブ接続の説明資料は当初から戦略的活動を意識して提出されて
いたと判断していた．

　3つ目のカテゴリーは，アサーティブ接続を研究支援する経験からの判断で
ある．アサーティブ接続は2013年に国の補助事業に採択された．これに関連
して学内に新たな組織設計が行われ，2015年にアサーティブ研究センターが
新設された．その目的は，教育学や心理学などの知見を踏まえた高大接続プロ
グラムを育むことであり，戦略的業務を支援する開発型の研究体制が敷かれ
た．筆者は研究員を兼務し，アサーティブ接続を対象とする共同研究[2]を通し
て学術的な面からもその意味を確認できた．

　最後のカテゴリーは，筆者のライフワークから来る判断である．ライフワー
クとは，戦略経営の信頼できる理論を大学の経営と教育の実践面に活かす方法
論の探求である．これは名古屋大学から始まり[3]，その後の勤務先となる名城
大学[4]，そして追手門学院大学においても，良き上司・同僚を得て挑戦し続け
てきたことである．　試行錯誤の多い経験ではあったが，戦略立案のみならず
計画の進捗・点検の過程に参画しつつ，方法論の開発と工夫に努めてきた．こ
れまでを振り返り，アサーティブ接続は価値の創造と獲得に至る戦略的活動の
全体と細部を知り得る最初のケースであったと考える．

　本書の各章でもアサーティブ接続の特徴がさまざまな側面から具体的に明ら
かにされているので，ここでは以上に述べた4つの判断の由来を前提にして，

その戦略的な特徴がどのように形成されたかをたどり，長期的にはどのような
実績と価値を生み出すに至ったかを総括する．

2　導入期に形成された組織的強みの源泉

　先に述べたように，アサーティブ接続の取組みは 2013 年から企画が始まっ
た．入試事業の年度としては 2014 年度からのスタートである．2015 年 4 月に
は第 1 期のアサーティブ生を入学者として受け入れている．4 年後の 2018 年
にはその第 1 期アサーティブ生が卒業し，2020 年現在では第 6 期アサーティ
ブ生が新入生として学んでいる．この間の事業活動の進展は，政府補助事業中
間評価（2017 年)[5] において「S」ランクの最も高い評価を受けている．事業 3
年目の中間評価の意味は，戦略的な観点から見れば，長期を視野に収めた成功
の第一関門だと言える．これまでの経験では，中期計画は 3 年目に何がしかの
手応えが成果として観察されなければ，その後によほどのテコ入れ策がない限
り，先行きに期待することは難しい．この関門を通過できた組織的な理由を，
事業開始の導入期にどのような環境構築があり，資源投入が組織的に設計され
たかに着目して明らかにする．

　まず社会的な注目度に関わる事業のポジショニングに着目する．アサーティ
ブ接続の取組み開始と同年度に，文部科学省大学教育再生加速プログラム（入
試領域）が始まり，それに採択されたことで，有利な組織環境を構築できた．
採択は対外的な認知効果を一気にアピールでき，その補助金は資源調達の相乗
効果をもたらす．また，物心両面にわたる学内サポートも得やすくなる．補助
金事業施策のこれまでを見ると，大学からは初めに補助金申請ありきの新規取
組みも多い中で，アサーティブ接続は実績ベースの企画が先行していた．これ
は自主・自律的な業務運営の環境が構築されていたことを意味する．3 年目の
中間的評価の高さはこうした要素のつながりがもたらしたと考える．

　次に業務運営能力への注目である．第一に指摘できるのは，担当副学長が担
当部署を直に統括するフラットなマネジメントの形を整えた点である．業務運
営が戦略的に推進されるには，意思決定の階層を極力減らし，適切な人員配置
をする組織能力の設計が求められる．具体的には，企画に携わった担当者を業

務推進の担当部署に配置できたのは組織能力の強化をもたらした．初期段階における組織能力の強化の在り方が，戦略的な企画・運営の一貫性を保ち，中途に生じやすい組織ルーチンの弊害を断ち，持続的な改善という目に見えない価値をもたらしたと観察する．

　さらに，リーダーシップによる効果的な組織設計の妙も注目点である．これは業務部署を研究・開発面から支援するアサーティブ研究センターの新設（2015年）に発揮された．このセンターは学内外の専門人材が集まる拠点となった．拠点の効果は，内部で閉じやすい業務運営組織に対して，外部に開く組織装置として機能できる点である．戦略的な業務推進と開発型研究支援の組合せは，アサーティブ接続の独自性を発展させ発信する効果をもたらした．具体的には，①高等学校および志願者に提供するオンライン版基礎学力可視化のシステム（MANABOSS，マナボス・システム）[6] の開発継続，②第2期アサーティブ生の成長を検証する共同研究[7] の導入，③内外の研究員による高大接続研究の発信[8]，を効果として挙げることができる．

　最後に，戦略経営の仕組みに対する組織文化の機能に触れたい．一般的に，組織文化の機能的方向は，インセンティブの創出と推進現場のモチベーション維持である．しかし現実の多くは，経営・教学のリーダーシップのタイプによって統制や管理の逆機能を招きやすい．追手門学院大学の場合は，過去10年に及ぶ志願者減に危機感を共有し，法人と大学の双方が2013年から第I期の中期経営計画を導入する刷新の機運を醸成していた．その手法の特徴は組織の新たな血となる外部人材の呼込みであるが，これは特に意思決定の迅速性の面では機能的に作用する組織文化をもたらした．アサーティブ接続の企画はこの組織文化の中で生まれ，タイミング良く2016年4月からの第II期中期計画の目玉となる中核施策の1つとなった．

3　アサーティブ接続のプランニングを確認する

(1) 中長期プランニングの方法論

　戦略経営の社会との接点は，まず中長期計画のプランニング，すなわち立案と策定から始まる．次に，PDCA（Plan–Do–Check–Act）のマネジメントに

移行し，内外による計画の進捗点検と実績評価および社会的公表が続く．海外の大学では戦略経営の仕組みづくりが1990年代から始まった．日本では1980年代の早くから長期計画による経営方法を導入する私立大学はあったが，2004年の国立大学法人制度から，中期目標・中期計画による戦略経営の発信が一気に広がった．16年後の2020年には，私立大学すべてにも中長期計画の作成が制度化された．先行した国立大学法人ではあるが，中長期計画が国の行政評価の考え方に組み込まれていることもあり，公表されている中期計画の文書をいくつか読む限り，学内外のステークホルダーよりは，むしろ国に向けた発信に見える．今後，中長期計画に沿った戦略経営が国公私の大学全体に浸透・活用され改革が持続していくには，社会に向き合うプランニングの考え方が不可欠である．

　以下では，追手門学院大学の第Ⅱ期中期計画を立案する際に使った方法論を紹介する．これは，筆者が戦略経営の理論を学びながら経験と交互作用させつつ独自に工夫してきたので，アサーティブ接続の戦略内容を述べる前に，方法論のポイントを思考法の3ステップに分けて説明しておきたい．

①第一ステップでは成果体系図の様式を利用する．この様式は，大学のミッションやビジョンなどの長期的理念と，そこに向かうロジックの筋道を三層（領域，課題，計画）で表現する戦略マップである．

②第二ステップでは，戦略マップの本体部分である階層構造の上位二層から思考を始める．第一層の戦略領域は構造の柱となる重点テーマを選択する．テーマの数は，大学のミッションやビジョンそして外部指針を与件とし，5〜9の範囲を目安にする．第二層の戦略課題には，国の重点政策や認証評価機関の重点課題，自主・自律的に挑戦し強化する優先課題の二様を視野に入れた選択を行う．同時に，課題を推進する組織能力の強みと現状を視野に収める．

③第三ステップでは第三層の戦略計画の内容を表現する．思考の三層からなるロジックを一貫させて表現するには，第一層には5年以上のスパンで取り組む方向性を表す目標概念，第二層は具体的な取組みと成果をイメージできる言葉，第三層は3年後の手応えを目途に着手する重点施策の内容と書き分けるのが要領である．戦略計画を立案する段階では，学内の有望な

　取組みが可視化できているので，その部署とのコミュニケーションを同時に行う．

　戦略立案はこうした思考の方法論を共有でき，教育や業務の現場を知る少数のチームに任せるのが本来の姿と考える．とはいえ，追手門学院大学の戦略立案には許された時間が正味3か月程度しかなかったので，チームではなく単独で行わざるを得なかった．

(2) アサーティブ接続の戦略内容

　策定された第Ⅱ期中期計画から部分的に表示したのが，以下の図8-1のアサーティブ接続の戦略である．階層的思考の展開は以下の手順である．まず「追大志願者の育成と確保」をテーマに選び，これを柱にして，第一層にテーマの基本目標『学びのレディネスをもつ志願者の育成・確保』を掲げた．第二層では『アサーティブプログラム・入試』を戦略課題の1つに選択し，推進部署の成果を判断する行動目標を明記した．第三層には創意と開発が求められる戦略計画を2つ盛り込んだ．立案の過程では，アサーティブ接続の業務運営をリードする担当者と相談し，同意を得ながら作成した．この協議・同意の過程は戦略課題を実質化するうえで不可欠であるが，盛り込める内容は推進する組織の能力に左右されるのが現実である．

Ⅰ　追大志願者の育成と確保

Ⅰ　高等学校との信頼関係を強化しながら，本学での学びのレディネスをもつ志願者層の募集・育成・確保を持続的に実現する．

1（アサーティブプログラム・入試）
アサーティブプログラム・アサーティブ入試により，志願者の育成と入学者を確保する．

①大学での学びに適合する学力の基礎基本テストを開発し志願者にサービスする．
②アサーティブ入試の面談サービス力をもつ職員スタッフの育成に取り組む．

図8-1　アサーティブ接続取組みの戦略マップ

　図 8-1 に戻る．各層の内容を述べる．第一層の基本目標は「高等学校との信頼関係を強化しながら，本学での学びのレディネスをもつ志願者層の募集・育成・確保を持続的に実現する」と表現した．5 年以上の長期を視野に入れた目標概念が，①高校との信頼関係，②学びのレディネスの 2 つである．大学側が，高校との適切な交流のチャネルを築くことなく，一方的に選抜方法を多様化する時代とはそろそろ決別すべきと考えた．偏差値指標に大きな関心を払うより，高大接続における学びのレディネスに向き合うことがその解決の方向である．学びのレディネスは，アサーティブ接続の担当者に触発され教示された目標概念である．

　傘下の第二層となる戦略課題を推進する入学事業は，『アサーティブプログラム・入試』と『推薦・一般入試』の二本立てとした．このうち，アサーティブプログラム・入試は，「アサーティブプログラム・アサーティブ入試により，志願者の育成と入学者を確保する」と簡潔に表現した．取組みの実績を判断する行動目標は，①志願者の育成，②入学者の確保の 2 つである．①志願者の育成は，アサーティブ接続の独自性を語るために必要不可欠な目標である．第一層の目標概念と組み合わせれば，志願者の学びのレディネスを育成するという価値創造に挑む戦略であることがさらに明確になる．高大接続の本質的な価値は，自らの大学を活性化してくれるレディネスある志願者層の育成と，その結果としての入学者の確保である．

　アサーティブ接続の第三層の戦略計画には，3 年後の実績に直接関わる施策を 2 つ選び表現した．それが「1　大学での学びに適合する学力の基礎基本テストを開発し志願者にサービスする」と「2　アサーティブ入試の面談サービス力をもつ職員スタッフの育成に取り組む」であった．各施策の進捗を判断する活動は，①学力の基礎基本テスト開発とサービス，そして②面談サービス職員の育成である．これら活動の進捗度を可視化する行動指標（あるいは進捗指標）が立案段階で設定されるのが合理的であるが，現実にはいくつかの候補を緩やかに想定しておくことにした．

　以上，アサーティブ接続を対象に，戦略プランニングの方法論と実例を述べてきた．書き進めながら，プランニングの機能が大学の自主性・自律性の証しとなることが改めて確認できた．マネジメントを広義に捉えれば，プランニン

グの機能はその中に包含される．しかし，現行の大学の経営文化は，持続的な点検と改善を目指す狭義のマネジメント（PDCA）に関心が強い．狭義のマネジメントだけでは主体性は育たない．プランニングは組織の主体性，志の表れである．戦略の立案とは組織の活力の源泉となることをいま一度確認しておくことにする．

4　アサーティブ接続のマネジメントを可視化する

　本節では，アサーティブ接続の進捗・点検に関わる PDCA の過程を可視化するために，アサーティブ課（2020年9月現在）が作成・公表した既存の報告書[9]を活用する．アサーティブ課の業務データの記録と保存を観察すると，全学的な情報システムの整備の一方で，取組みスタッフ自体が業務プロセスを可視化する自覚と工夫と活用の戦術をもつのが必須であることがわかる．アサーティブ接続の PDCA については，現場業務に近い第三層の戦略計画，第二層の戦略課題，第一層の戦略テーマの順に述べていくことにする．

(1) 戦略計画の2つの施策
1) アサーティブ接続が育成する基礎汎用力
　学力の基礎基本テスト開発と志願者サービスに関する施策の進捗は，学力基礎の教材・テスト開発（表8-1，8-2）志願者利用サービス（表8-3）から知ることができる．前者は，高校生にオンライン基盤で学習教材提供とテスト診断ができるマナボス・システム（MANABOSS）として発進した．これは学内の経営学部教員有志が学生のために自主的に設計・開発したオンライン基盤（MANABO）の高校拡張版である．後者は，マナボス・システムの高校利用サービスであり，利用申請した高校の生徒（1〜3年生の潜在的志願者も含む）の，いわば社会に通用する基礎汎用力の向上を目指す施策である．
　表8-1と表8-2のデータは，学習教材別に開発・蓄積された，①言語と②非言語のテスト項目の開発経過である．言語（国語）の内容は，13の下位分野を見てわかるように，高校までに身につけた基礎汎用力を診断し，不足分を伸ばす構成である．5年間で1,845のテスト項目が蓄積された．15の下位分野か

らなる非言語（数学）も同様の設計である．5年間では2,190のテスト項目が蓄積された．

　基礎汎用力は，大学の授業理解に必要な基礎的学力は何かという観点から設計・開発されている．この経緯を踏まえれば，これは追手門学院大学が求める高大接続の学びのレディネスを発信したものと解釈できる．基礎汎用力としてどの程度の達成水準が適合的かは，現時点では明確になっていないが，大学1年次の学修成績を成功の根拠にすれば今後の検証は可能である．途中で，言語（英語）の分野も加えられたので，まさしく高大接続の基礎汎用力と呼ぶにふさわしい内容を備えつつある．大学が単独で設計・開発したオンライン基盤の教材・テストではあっても，著作権をクリアして開発されていることから，高

表 8-1　基礎汎用力の教材・テスト開発：言語分野

分野別／入試年度別	2015 年	2016 年	2017 年	2018 年	2019 年
①二語関係	66	31	2	27	22
②同意語／同義語	45	23	33	29	19
③反意語／反語	55	22	26	27	19
④慣用句	63	16	19	24	24
⑤ことわざ	3	16	53	32	42
⑥語句の用法	45	22	36	19	24
⑦熟語	49	21	24	26	29
⑧言葉の意味	37	17	22	32	37
⑨言葉の用法	50	28	20	22	27
⑩敬語	40	21	33	22	27
⑪文章整序	18	11	43	22	22
⑫長文読解	34	15	21	20	20
⑬漢字	0	77	8	38	28

表 8-2　基礎汎用力の教材・テスト開発：非言語分野

分野別／入試年度別	2015 年	2016 年	2017 年	2018 年	2019 年
①推論	8	15	46	40	35
②集合	9	32	30	40	35
③表の読取り	5	32	33	35	35
④順列・組合せ	11	41	20	40	30
⑤確率	8	42	24	40	35
⑥代金の清算	3	40	27	35	36
⑦料金の割引	5	40	36	35	30
⑧分割払い	2	32	47	35	30
⑨損益率	8	41	22	35	35
⑩仕事算	13	33	26	36	36
⑪速さ・時間・距離	13	51	13	34	38
⑫グラフの領域	5	30	32	30	40
⑬物の流れと比率	6	15	45	30	40
⑭装置と回路	4	15	51	30	40
⑮基礎数学	0	11	88	45	45

等学校に広く提供することができる．この実績は相当に高く評価できるので，もっと社会的に注目されてよい．

　表 8-3 は，MANABOSS の利用サービスに関する経過データである．サービス利用者の実際は，①登録者（高1生から高3生まで），②利用者（志願者）に分けて記録・整理されている．推移を見ると，登録者と利用者ともに年々増加している．アサーティブ接続の募集人員は最初が60名，徐々に増えて2019年は200名となった．いずれの年度においても志願者の利用数は募集人員を上回っている．登録者へのサービスも徐々に増えている．育成の趣旨に

かなった活動となっている．地道な活動を重ねながら，高大接続の基礎汎用力の育成に向かって持続的な挑戦を続けてきたことがわかる．

表 8-3　志願者利用サービス

マナボス登録・利用別／入試年度別	2015 年	2016 年	2017 年	2018 年	2019 年
①マナボス登録者（高1〜高3）	136	384	536	592	733
②マナボス利用者（志願者）	77	191	233	261	407

2）職員面談のサービス力による育成

　面談サービス力をもつ職員スタッフ育成策は，志願者面談サービス（表8-4）と面談職員育成（表8-5）のデータから部分的に可視化できる．面談職員の育成は，募集プロセスをガイダンス型から育成型に転換させる不可欠の要素である．課題はサービスの担い手となる職員の適正規模を確保し，相互研鑽する仕組みを整えることである．

　表8-4の志願者面談サービスは，個別面談の回数を，①延人数，②実人数，③実人数のリピーター数（比率）の三側面に分けて提示している．面談数は2年目から3倍以上も増加し，延人数で1,072名，実人数では894名の規模に達する．各年度のリピーター率は20%前後のラインで安定している．担当者からは，面談のプロセスにおいて志願者の大学認識と行動に変容が見られると報告されている．これは面談アプローチから生起する育成効果の大事な例である．

表 8-4　志願者面談サービス

延・実・リピート別／入試年度別	2015 年	2016 年	2017 年	2018 年	2019 年
①個別面談※延人数	221	710	906	978	1,072
②個別面談※実人数	190	557	751	772	894
③個別面談※リピーター（比率）	31(16%)	153(27%)	155(21%)	206(27%)	178(20%)

　表8-5は面談職員の育成についての活動報告である．進捗指標としては，①

職員規模，②研修日程数（ケースカンファレンスとグループディスカッション）の2要素を重視する．

　職員規模は，初年度を別にすれば，毎年度50〜60名の幅である．面談者一人当たりの平均志願者数は，2018年度の場合は16名程度（延人数）となる．当時，筆者はこの数値が適正なサービス人数の限界ではないかと考えていたが，2020年導入されたオンライン環境での面談結果を聞くと，上限はさらに伸ばせることがわかった．ただし，1対1の面談に変わりはないので，勤務時間を前提にすれば，面談数・時間の適正値は自ずと存在すると考える．

　研修の日程は年によって2〜4回の幅がある．これは回数の頻度を問う必要はない．毎年継続的に開催されているか，その内容が次の面談に活かされ，改善が持続的に進められているかが大事である．研修内容については，たとえば報告書（2017，2018年度）を見ると，面談者がアサーティブ入学の在学生や4年生と交流し，入学後のフィードバックをもらうなど，創意工夫の一面を知ることができる．

　全体として述べると，戦略計画の2つの施策は着実に推進され，実績を積み上げてきている．志願者の基礎汎用力のみならず意識・行動変容にも影響を与える活動が一貫して進められてきたことがわかる．

表8-5　面談職員育成

面談・研修／実施年度別	2014年	2015年	2016年	2017年	2018年
①面談職員数	32	53	61	58	66
②研修日程数（ケースカンファレンスおよびグループディスカッション）	4回	3回	3回	2回	2回

(2) 戦略課題の成果指標を可視化
1) 入学者確保の成果指標
　第二層の戦略課題は，①志願者育成，②入学者確保の2つを成果指標として可視化する．後者の入学者確保は，18歳人口減が長期に続く状況では毎年度求められる現実的な成果指標とならざるを得ない．
　表8-6に示す志願者・入学者確保では，①ガイダンス，②志願者数，③合格

者数，④募集人員，⑤入学者数が並び，募集・入学のプロセスの成果として入学者数が表示される．これを志願者の自己選抜（セルフ・セレクション）の過程として意味づけると，ガイダンスに集う人数（延人数）の適切な規模は大切となる．その規模は 2015 年の 300 名から順調に増え，2019 年には 1,200 名に達している．志願者もこれにほぼ連動する．

　成果の判断となる入学者確保に目を向けると，2017 年度以降には募集人員に対する入学者数が下回る状況となる．この年は募集人員が前年より一挙に100 名程度増えている．志願者は一貫して増加基調にあることを考えると，募集枠の増員が入学者確保の問題に何らかの影響を与えたと思われる．現実には，この問題は大学の経営判断とも関わり，特定の入学事業のみでは説明できない要因も働くので，アサーティブ接続の固有問題とも言い切れない面がある．とはいえ，学びのレディネスの育成に長期的に挑むアサーティブ接続においては，入学者確保と適正な募集人員枠の関係の在り方は今後検討されてよいと考える．

表 8-6　志願者・入学者確保

段階別／入試年度別	2015 年	2016 年	2017 年	2018 年	2019 年
①ガイダンス※延人数	300	777	932	1,014	1,271
②志願者	91	290	395	383	514
③合格者	53	130	190	197	114
④募集人員	60	111	216	230	200
⑤入学者	53	128	190	196	114

2）志願者育成の成果指標

　入学者確保とは異なり，志願者育成を成果指標として可視化することは簡単ではなかった．立案段階では，指標の候補としてはいくつか想定されたが，あらかじめ特定はしなかった．立案段階では，新たな戦略的価値をもつ概念にはそうした状況が生じやすいので，無理に特定することは避けた．事後に推進部署の志村知美氏と協議して明確にしたのがプログラム段階別の志願者の育成目

標要素である.

　図8-2は，①プログラム段階に対応させて，②育成目標の要素を明確にした図である.この図にそって述べると，ⅰ）ガイダンスとⅱ）個別面談の段階では，受験生の主体的選択力が育成の重点である.次に，ⅲ）マナボス・システムのオンライン利用では，基礎汎用力（言語・非言語分野）とテーマ議論力の育成が目指されている.さらに，ⅳ）アサーティブノート活用では，志願者の振り返り力が育成の意図である.

	②育成目標の要素
①プログラム段階 ⅰ）ガイダンス	志願者の主体的な選択力
ⅱ）個別面談	
ⅲ）マナボス学習システム	基礎汎用力＋テーマ議論力
ⅳ）アサーティブノート活用	振り返る力

図8-2　プログラム段階別の志願者の育成目標要素

　確認できた志願者育成の概念は多次元である.しかも，プログラムの段階別に育成の重点はシフトする.したがって，この成果を的確に可視化する指標は多面的に構成される必要がある.しかしながら，事業推進の当事者が多次元の指標化と成果の検証に挑むのは業務としてはハードルが高すぎる.むしろ，これは事後において学術的に検証される課題であろう.以下では現実策として，マナボス・システムの利用データに着目して，志願者育成：基礎汎用力の側面を示した.

　表8-7は，アサーティブ接続の前期日程志願者のデータである.志願者を不合格／合格に区別し，両集団の解答状況の違いから育成効果を推測する意図がある.解答状況は，①利用日数の平均，②解答問題数の平均（下段は当該年度の問題総数），③志願者数から構成している.年度推移を追って見ると，利用日数と解答問題数は合格者の方が高い傾向にある.すなわち，高校3年の4月から9月までの間に努力をする志願者が，最終的な合格を勝ち得る可能性があると推測されている.

　全体として見ると，アサーティブ接続は入学者確保の実績においては，2017年度以降は苦戦している．志願者数は引き続き伸びているので，この問題は募集人員の適切な規模について協議と解決が図られてよいだろう．志願者育成については，志願者や高校などとの連携が不可欠な戦略概念であるので，実績としては部分的に可視化しつつ，長期的な視野で見守る経営判断が求められる．

表 8-7　志願者育成：基礎学力面

解答状況／入試年度別	2015 年	2016 年	2017 年	2018 年	2019 年
①利用日数平均	11/12	13/15	12/13	17/17	15/23
②問題回答数平均 （問題総数）	307/459 (605)	648/934 (1,395)	455/808 (2,275)	1,055/1,069 (3,155)	829/1,545 (4,035)
③前期日程志願者数	32/53	648/935	129/130	123/137	303/85

（3）戦略領域の長期的取組みを可視化

　最後に，第一層の戦略領域に関わる可視化である．この階層では長期スパンを見通す活動が対象となる．文章としては理念的な表現に近くなるが，業務活動がルーチンに陥らないためにも，当事者がこの階層を認識し続けることは重要である．立案段階では可視化の方法は明確にならない場合が多いので，ここでは長期の持続的な活動の方向性を意味する目標指標を使う．第二層の戦略課題の実績を判断する成果指標とは確実に区別される．アサーティブ接続では目標指標の先にある言葉は，①高校との信頼関係，②学びのレディネスをもつ志願者の2点である．後者の②学びのレディネスについては，第三層と第二層において密接に関連する施策や活動を可視化できたので，ここでは触れない．

　前者の①高校との信頼関係については，可視化の視点から，高大接続に関わる活動として注目する出来事が生まれた．それが追手門学院大学と滋賀県教育委員会との連携協定である．2016年3月に結ばれたこの協定のもとで，大学と高校関係者が公式に協議できる環境ができた．ここから，高校現場とアサーティブ課との交流が始まった．これを可視化する目標指標として筆者が選んだのが高校での講演依頼（表 8-8）である．高大の連携協定が結ばれたことで，

特定大学への志願者の誘導とはしない交流が可能となった．この講演活動が高大交流の方法となり，沖縄県など他府県からも依頼がくるようになった．

　表 8-8 では，①高校数，②高校生数，③教師数，④保護者数のカテゴリーに区分して整理した．データを見ると，2016 年から始まった講演活動は翌年から高校 20 校，高校生 2,000 名（1 年生も含む）の規模となった．この後，保護者も参加し，年々増加している．講演テーマの大半は「自分のモノサシを持つ」であり，これはアサーティブ課の職員が共有する啓発プログラムである．高校生の主体的な選択力を啓発し，高校や保護者との信頼関係を築く持続的な活動として続いている．

表 8-8　高校での講演会依頼

対象別／実施年度別	2016 年	2017 年	2018 年	2019 年
①高校数	4	19	22	24
②高校生数	610	2,911	1,868	2,098
③教師数	0	0	81	5
④保護者数	50	53	203	335

5　アサーティブ接続の挑戦とは何か

　アサーティブ接続の導入期の分析，そして中期計画の立案と進捗・点検のプロセスの分析を通して，取組みの戦略展開を振り返ってきた．総合的な判断としては，中長期の実績と内外の影響力を根拠にすれば，この取組みは個別大学の入学事業の次元で育成の価値創造に果敢に挑み，継続し，社会的影響力を発信できた成功事例として位置づけてよいだろう．

　導入期の組織環境要因としては，①事業ポジショニング（文部科学省の大学教育再生加速プログラムへの採択），②組織業務能力（フラット型の業務運営構造，企画専門人材配置），③組織設計力（開発型研究支援環境の新設），④組織文化（戦略経営へのインセンティブとモチベーション維持）の 4 要因が成功

の間接要因に挙げられる．また何よりも，戦略的目標に自覚的に関与する現場スタッフ，そして日々の業務との折合いをつけて持続的かつ誠実に記録・検証データを積み上げてきた組織業務力こそが，直接的な成功要因となった．

　今，アサーティブ接続の特徴を一言で意味づけてみると，それは日本の高大接続に学びのレディネスという戦略的概念をもち込んだことである．これを個別大学の入学事業の次元で挑戦し，具体化させたことである．従来の見方に立てば，偏差値的には分厚い中間層がアクセスする中規模の一私立大学が，こうした戦略的改革に挑戦するとは想像し難いかもしれない．しかし見方を変えれば，分厚い中間層に選抜ではなく，育成の視点から接近するという戦略的思考法は，私立大学ならではの自主・自律の強みから生まれたとも考えることができる．

　米国における最近の高大接続の動向[10] を調べると，「カレッジ・レディネスの再定義」の運動が全米的に広がりを見せつつある．日本の文脈で述べると，これはテストの偏差値を超え，高校生の大学進学とキャリアと人生のレディネスを多元かつ多義的に問い直す動きである．日本においては2014年に中央教育審議会「高大接続」答申が提言されたが，これは政策誘導の戦略であり，高校と大学が対話しながら接続改革を進める運動の戦略ではない．この違いを米国の高大接続の動きから学ぶことができる．

　アサーティブ接続に話しを戻すと，そこには，高校と大学の対話の中で志願者の学びのレディネスの中身を構築する戦略が存在する．学びのレディネスはアドミッション・ポリシーの概念とも重なるが，そのまなざしは一人ひとりの高大接続に向けられている．この育成型のトランジション戦略の意味を明確にするために，アサーティブ接続の企画・設計に携わった福島一政氏と志村知美氏の原点をいま一度，以下に確認しておきたい[11]．

　①自己効力感が著しく低い教師と自己肯定感が著しく低い中・高生の日本の問題状況を認識し，『発達支援原理』に基づく高大接続を提案・普及する（福島一政氏）．

　②志望校選択に対する『学びのメンタルモデル』を自己卑下から自己肯定の感情に転換させる（志村知美氏）．

　志願者の自己効力感・自己肯定感を育成する原点から出発したアサーティブ

接続の取組みは，育成型のトランジション戦略として進化・拡大する可能性を秘めている．大学の内外において，アサーティブ接続の挑戦の意味がもっと共有されることを切望する．

注 記

1) 本章は以下の論文をベースに加筆・編集した．池田輝政（2020）「戦略立案から捉える高大接続の挑戦—アサーティブ接続取組みの事例」，アサーティブ研究センター紀要，第3号，22-33.

2) 追手門学院大学アサーティブ研究センター・ベネッセ教育総合研究所（2018）「『学びと成長の可視化』からその先へ—アサーティブプログラム・アサーティブ入試の実証的研究で見えてきたこと—」，1-64.

3) 池田輝政（2002）「名古屋大学の試みを通して見た大学の組織・経営」，高等教育研究，第5号，53-65.

4) 鶴田弘樹（2016）「私立大学における戦略プランニング・プロセス—名城大学—」111-129.（本間政雄監修『大学のミッション経営　14校の実践事例から学ぶ中長期計画』，エデュース学校経営研究所.

5) 追手門学院大学（2018）『2017年度アサーティブプログラム・アサーティブ入試補助事業報告書』，1-26.

6) 篠原健（2016）「MANABO：教育改革の為のツールとしての基礎学力把握システム」，アサーティブ研究センター紀要，第1号，2-11. 大学生の学力の可視化と自己学習をウェブ上で支援するために実験的に開発されたのがMANABOである．MANABOSSはこれをアサーティブ接続の事業のために独立させたシステムである.

7) 追手門学院大学アサーティブ研究センター・ベネッセ教育総合研究所（2018），前掲書.

8) アサーティブ研究センターの紀要第1号（2016）から第3号（2020）.

9) 追手門学院大学（2018），前掲書．追手門学院大学（2019）『2018年度アサーティブプログラム・アサーティブ入試　補助事業報告書』，1-26.

10) The School Superintendent Association（AASA），Redefining Ready: College Ready/Career Ready/Life Ready，2017 Annual Report.

11) 志村知美「インタビュー調査から見た，アサーティブ生の『成長の姿』」，48. および，福島一政「『育成』視点の高大接続プログラムの今後の展開に関する議論」，62.（追手門学院大学アサーティブ研究センター・ベネッセ教育総合研究所（2018），前掲書）

おわりに

福島　一政

　私は，教育再生加速プログラム（Acceleration Program）のテーマⅢ（入試改革）領域で採択された本学のアサーティブの取り組みの事例紹介をするようにとのことで，2015 年 4 月 23 日の高大接続システム改革会議に招かれた．わずか 15 分ほどの時間での発表だったが，会議後，多くの方々から質問攻めにあった．あれからもう 5 年余りが経った．アサーティブの取組みはデータで見ても実感としても大いに成果を上げることができたと思う．

　2018 年 3 月には，大学教育再生プログラム委員会による中間評価結果が発表され，テーマⅢ（入試改革）の採択大学の中では唯一「S」評価をいただき，「計画を超えた取組であり，現行の努力を継続することによって，本事業の目的を十分に達成することが期待できる」と評価された．そこで付されたコメントは以下のとおりである．

・アサーティブ入試の志願者が順調に増えていること，アサーティブプログラムの受講者が相当の割合になってきたことなど，大学改革の成果が上がっていることは評価できる．

・高等学校や教育委員会との定期的な意見交換，確実な学力把握措置，入学前教育と初年次教育の改革など，取組が着実に進捗していることは評価できる．

・学長を中心とした実施体制が構築されており，また，アサーティブ課とアサーティブ研究センターの発足，評価体制の確立等の取組が着実な成果に結び付いている．アサーティブプログラムの実施やマナボス・システム（MANABOSS）のソフトウェアとコンテンツの開発により，新しいタイプの入学選抜と教育システムが大学の特徴としてアピールでき，多くの大学のモデルになり得るのではないかという期待ができ，評価できる．

・本プログラムに関する大学の取組が着実に広報され，成果に結び付いていることは評価できる．

　また，2019年度の大学教育再生プログラム委員会による「フォローアップ報告書」では，課題とすべき点は一つもなく，順調に進捗している点として以下の点が記されている．

・入学定員・志願者数が大きく増加しており，全体として順調に推移している．また，大学内のPDCAサイクルも順調に動かされていることから，当初の計画を上回って進捗している．

・PDCA会議が定期的に行われ，プログラムの進捗が順調に進められている．

・学力のみにとらわれない入学者選抜の象徴的な事例と言え，高大接続改革の成功事例の1つとして，当初の目標を達成している．

・高等学校や教育委員会との連携が進んでおり，アサーティブ講演に参加する高校生も少なくなく，メディアにも取り上げられるなど，順調に成果の普及が進められている．

・カリキュラムマップの作成，「検定テスト」の試行的実施，「オイナビ（追Navi）」システムの構築など，学生たち一人ひとりの学びの意欲を引き出す取組が順調に進められている．

・補助期間終了後の継続発展に向けて，アサーティブ研究センターを中心に調査研究を進めている．当初の目標達成に向けた対策に加え，新たに認識された課題の解決に向けていくつかの新しい取組も行われており，今後の発展が期待される．

・WIL（Work-Is-Learning）プログラム策定などの取組に発展している．さらに，アサーティブガイダンス等への学生の積極的参加など，当初予定していなかった成果を上げている．

・継続してアサーティブ入試を発展させるため，引き続きMANABOSSの充実をはじめ，志願者・入学者に関する調査研究を継続し，着実な修正を加えていくことが期待される．

　上述した大学再生加速プログラム委員会による2018年度の中間評価のテーマⅢ（入試改革）の総括では，「テーマⅢとしては，入学志願者の意欲・能力・

適性を多面的・総合的に評価・判定する入学者選抜方法を開発・実施する「入試改革」と高等学校関係者と大学関係者との間で互いの教育目標や教育内容，方法について相互理解を図ることなどにより，高等学校教育と大学教育の連携を強力に進める取組を推進する「高大接続」の，2つの類型が設定されている．「入試改革」においては，お茶の水女子大学の「フンボルト入試」，岡山大学の「IB（国際バカロレア）入試」，追手門学院大学の「アサーティブ入試」といった先駆的な入学者選抜方法が開発・実施されており，早くも各種媒体において高く注目されているところであるが，これらの取組は，その選抜を経て入学した学生の学修と卒業後を追跡し，効果を測定していくことが望まれること，そして，実施されているこれらの手法については，持続可能性を高めることが今後の課題である．「高大接続」においては，アメリカに見られる「アドバンスト・プレイスメント」をわが国の状況に合わせて導入していく取組等が，地域の高等学校関係者をアクターとして巻き込みながら展開されており注目されている．「入試改革」同様，それらの取組に参加した高校生が，大学生となり，社会人となっていく過程においての効果の測定が今後の課題である．」とされている．

　追手門学院大学のアサーティブプログラムとアサーティブ入試の取組みの最大の意義は，第1章でも述べたように，大学入試の「選抜型」から「育成型」への転換である．ただしそれは，入試だけを変えることではない．アサーティブプログラムという「入試前」教育で，高校生の，大学で学ぶ意欲や姿勢を引き出し，基礎学力を「育て」て入試に挑むことができるようにしなければならない．そして，入学後の成長にどのように影響があるのか，卒業後にどのような影響があるのか，長い年月をかけて追跡する必要があるだろう．アサーティブの取組みが入学後の学修や成長にどのような影響があるのかを追跡調査し分析した本書から，多くの大学や高校の関係者の参考にしていただき，本格的な多面的・総合的な入試改革に役立てていただければと思う．

　追手門学院大学のアサーティブの取組みや，高大接続・高大連携の取組みは先端的であると自負しているが，だからこその困難もある．ことは本学だけでなく，日本の未来を担う若者たちの成長を盤石に支えることができるかどうかである．困難な時代だからこそ，多くの方々と率直に意見を交わし，具体的な

実践を通して新しい仕組みをつくり上げていきたいと思う．教育の営みには，非効率に見えることもたくさんある．簡単に目標を定められず，試行錯誤の中で見出せることも多いのではないだろうか．対象が人間，とりわけ成長途上の青年たちだからである．そのことを理解せず，数字や効率だけで教学を判断していけば，大学としての存在価値を問われることになるだろう．

マーチン・トロウ（Martin Trow）が言うような，ユニバーサル化時代の大学教育や入試の在り方を，学生や高校の実態を踏まえながら真剣に考えていきたいものである．

本研究を進めるにあたっては，ベネッセ教育総合研究所の谷山和成所長，同高等教育研究室長の木村治生氏，同研究員の佐藤昭宏氏，岡田佐織氏には，言葉では言い尽くせないほど貢献していただいた．この方々に共同研究に参加していただかなかったら，今回のような研究成果を生むことは決してできなかった．深く深く感謝申し上げたい．

アサーティブの取組みを進めるにあたっては，学校法人追手門学院の川原俊明理事長と，この取組みを開始した当時の学長だった坂井東洋男氏には終始励ましていただいた．2020年春に急逝された胸永等専務理事（当時）には構想段階から一貫して暖かく見守っていただいた．「本学の教学改革の先頭打者ホームランだ」とまで言っていただいた．どれだけ励まされたかわからない．また，アサーティブプログラムの高校生との面談には，退職された方も含めて70人を超える職員の方々に参加していただいた．日常業務に加えて休日出勤もしていただいたのだが，皆さん嫌な顔ひとつ見せず「高校生とお話しするのは楽しいから」と言って参加してくださり，高校生たちの成長に大きく貢献していただいた．

アサーティブの取組みの発案者であり，アサーティブの命名者でもある志村知美アサーティブ課長の奮闘がなければ，この事業そのものが成立しなかった．また，初代アサーティブ研究センター長を務められた池田輝政先生，現同センター長の原田章教授，同センター研究員の浦光博心理学部長（現初等中等教育長），MANABOSSの開発者である篠原健先生の学術的な示唆がなければ，これほどまでの成果は得られなかった．

最後になったが，本書の出版にあたっては，追手門学院大学教育・研究成果

に係る出版支援制度の適用を受け，追手門学院大学出版会から出版することができた．本書の編集にあたっては，株式会社丸善雄松堂の西村光様・黒田健一様，追手門学院大学教学企画課の森端栄様に一方ならぬお世話になった．記して感謝を申し上げたい．

参 考 文 献

福島一政（2020）「高校生の意識実態と中高教員の労働実態から高大接続・高大連携の在り方を考える」『追手門学院大学アサーティブ研究センター紀要』3，34-46．

執筆者紹介（執筆順）

原田　　章（はらだ　あきら）はじめに，第４章
追手門学院大学　アサーティブ研究センター　センター長
追手門学院大学　経営学部　教授

福島　一政（ふくしま　かずまさ）第１章，第３章，おわりに
関西国際大学　学長補佐・基盤教育機構　教授
追手門学院大学　アサーティブ研究センター　客員研究員

志村　知美（しむら　ともみ）第２章
関西国際大学事務局　入試広報部　次長
前）追手門学院大学　教務部アサーティブ課　課長

木村　治生（きむら　はるお）第５章
ベネッセ教育総合研究所　主席研究員
追手門学院大学　アサーティブ研究センター　客員研究員

佐藤　昭宏（さとう　あきひろ）第６章
ベネッセ教育総合研究所　主任研究員

岡田　佐織（おかだ　さおり）第７章
東京工業大学　リベラルアーツ研究教育院　准教授

池田　輝政（いけだ　てるまさ）第８章
U＆Cストラテジー　代表
追手門学院大学　非常勤講師

※所属・肩書は刊行時のものです。

多面的な入試と学修成果の可視化
―追手門学院大学　高大接続への挑戦―

2021 年 2 月 10 日初版発行

著作者　追手門学院大学アサーティブ研究センター
©2021

発行所　追手門学院大学出版会
〒 567-8502
大阪府茨木市西安威 2-1-15
電話（072）641-7749
http://www.otemon.ac.jp/

発売所　丸善出版株式会社
〒 101-0051
東京都千代田区神田神保町 2-17
電話（03）3512-3256
https://www.maruzen-publishing.co.jp/

編集・制作協力　丸善雄松堂株式会社

Printed in Japan
組版／株式会社ホンマ電文社
印刷・製本／大日本印刷株式会社
ISBN978-4-907574-25-3 C3037